Anna Schrewe

Dem Täter lesend auf der Spur

Mit Kurz-Krimis zum Textverständnis

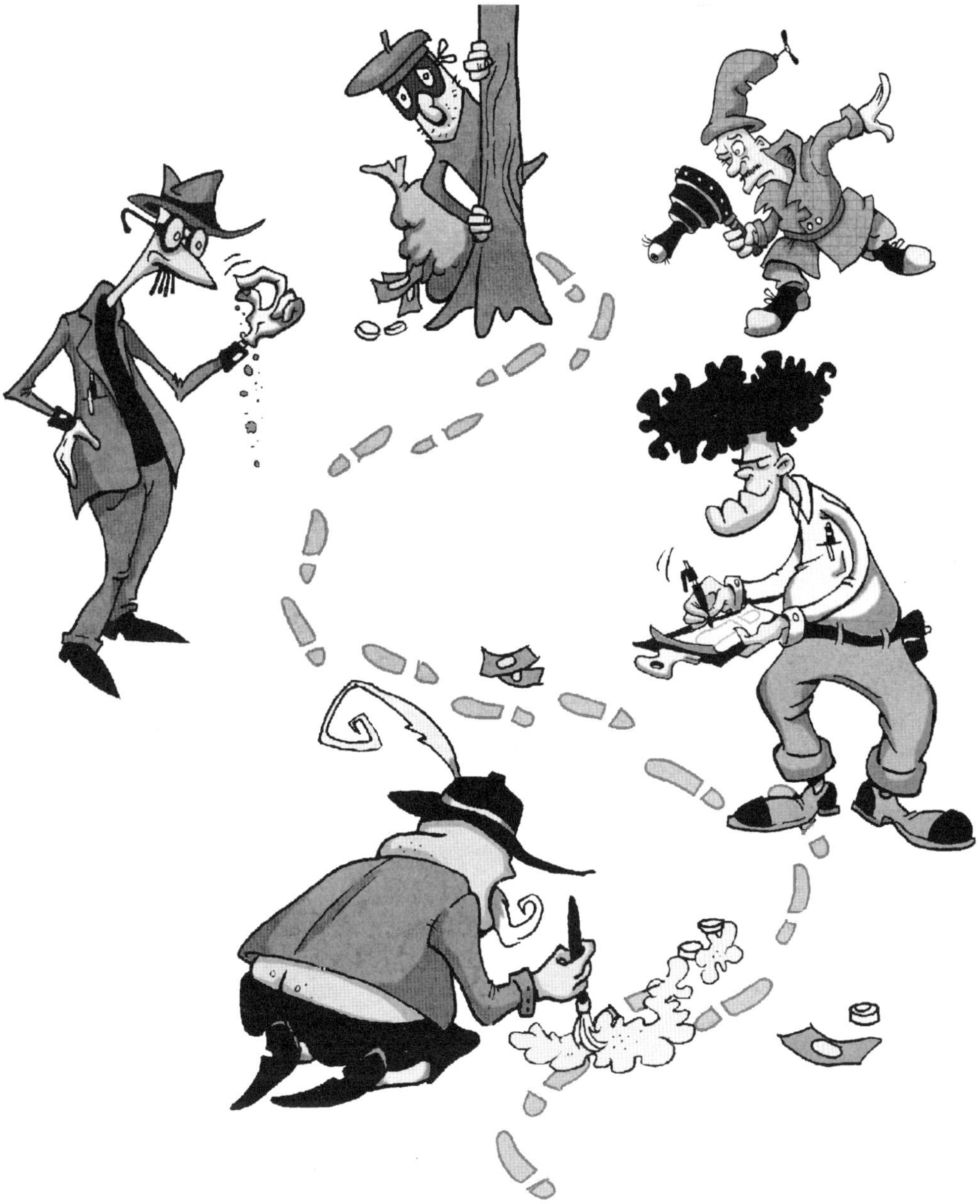

PERSEN

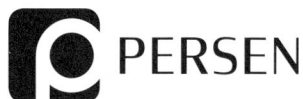

Die Autorin:
Anna Schrewe studierte an der Universität Osnabrück die Fächer Deutsch, Sachunterricht und katholische Religion. Sie unterrichtet an einer Grundschule, die jahrgangsübergreifend in den Klassen 1/2 und 3/4 arbeitet.

Gedruckt auf umweltbewusst gefertigtem, chlorfrei gebleichtem und alterungsbeständigem Papier.

7. Auflage 2019
© 2009 PERSEN Verlag, Hamburg
AAP Lehrerwelt GmbH
Alle Rechte vorbehalten.

Das Werk als Ganzes sowie in seinen Teilen unterliegt dem deutschen Urheberrecht. Der Erwerber des Werkes ist berechtigt, das Werk als Ganzes oder in seinen Teilen für den eigenen Gebrauch und den Einsatz im Unterricht zu nutzen. Die Nutzung ist nur für den genannten Zweck gestattet, nicht jedoch für einen weiteren kommerziellen Gebrauch, für die Weiterleitung an Dritte oder für die Veröffentlichung im Internet oder in Intranets. Eine über den genannten Zweck hinausgehende Nutzung bedarf in jedem Fall der vorherigen schriftlichen Zustimmung des Verlages.

Sind Internetadressen in diesem Werk angegeben, wurden diese vom Verlag sorgfältig geprüft. Da wir auf die externen Seiten weder inhaltliche noch gestalterische Einflussmöglichkeiten haben, können wir nicht garantieren, dass die Inhalte zu einem späteren Zeitpunkt noch dieselben sind wie zum Zeitpunkt der Drucklegung. Der PERSEN Verlag übernimmt deshalb keine Gewähr für die Aktualität und den Inhalt dieser Internetseiten oder solcher, die mit ihnen verlinkt sind, und schließt jegliche Haftung aus.

Illustrationen: Wolfram Späth
Satz: Satzpunkt Ursula Ewert GmbH, Bayreuth

ISBN 978-3-8344-0356-8

www.persen.de

Inhaltsverzeichnis

Zum Aufbau und Inhalt der Materialien 4

Zum Einsatz der Materialien im Unterricht 5

Die Kurz-Krimis zum Textverständnis 6

1. Wo ist Bodo Bösewicht? 6
   - 6
   - 12
2. Alarm im Zirkus Potzblitz 18
   - 18
   - 24
3. Der blauäugige Bandit 32
   - 32
   - 38
4. Raub im Kaufhaus 45
   - 45
   - 50
5. Angst im Museum 55
   - 55
   - 60
6. Nachts in der Ganovenstraße 65
   - 65
   - 70

Anhang

Grundriss des Museums 76
Detektivarbeit – So geht's! 77
Detektivausweis 78
Arbeitsplan für Detektive 79
Urkunde für die Lösung der Kriminalfälle 80
Urkunde für den Meisterdetektiv 81

Lösungsseiten 82

Zum Aufbau und Inhalt der Materialien

Das Hauptziel der Arbeit mit den vorliegenden Materialien ist der Ausbau des Textverständnisses unter Berücksichtigung der hierfür erforderlichen Kompetenzen. So bearbeiten die Kinder Aufgaben, die verschiedenste Bereiche schulen, wie zum Beispiel:
- bildliche **Vorstellungen zu Gelesenem entwickeln**,
- separat stehende **Informationen miteinander verknüpfen**,
- **vorgegebene Texte in eigenen Worten wiedergeben**
- oder den **Wahrheitsgehalt einzelner Abschnitte mithilfe von Vorwissen überprüfen**.

Die Schülerinnen und Schüler lösen im Umgang mit dem Material insgesamt **sechs spannende Kriminalfälle**. Diese sind so angelegt, dass die Kinder an der Seite des ermittelnden Detektivs **aktiv an der Auflösung der jeweiligen Tat beteiligt** sind. Auf diese Weise verfolgen sie bei der Bewältigung jeder einzelnen Aufgabe ein konkretes Ziel und können ihre Mitarbeit an den Fällen als bedeutsam erfahren.

Jede der sechs Detektivgeschichten ist **in fünf Aufgaben unterteilt**. Auf diese Weise erfahren die Schülerinnen und Schüler konstant den Fortschritt ihrer Arbeit, sodass auch die Motivation schwächerer Kinder aufrechterhalten werden kann.

Die einzelnen **Aufgaben** sind darüber hinaus **so angelegt, dass sie sich in ihrem Anforderungsprofil innerhalb eines Falles unterscheiden** und damit die Mädchen und Jungen auf abwechslungsreiche Art und Weise der Entlarvung des Täters näherbringen.

Die **Differenzierung** des Materials bezieht sich auf den **Schwierigkeitsgrad der Texte und Aufgaben**, vor allem in Bezug auf die Textlänge und die prägnante Darstellung zentraler Elemente. Darüber hinaus stehen sowohl den schwächeren als auch den stärkeren Schülerinnen und Schülern bei jeder Aufgabe entsprechende **Detektivtipps** zur Verfügung, die nach eigenem Ermessen genutzt werden können.

Die Arbeit mit den Materialien ermöglicht den Schülerinnen und Schülern selbstständiges Arbeiten, indem die Möglichkeit der **Selbstkontrolle** besteht, d. h. zu den meisten Aufgaben gibt es eine entsprechende Kontrollkarte, mit der die Kinder ihre Ergebnisse überprüfen und ggf. berichtigen können.

Der **Arbeitsplan für Detektive** sollte jedem Kind in Kopie ausgehändigt werden (s. S. 79). So kann es indviduell seinen Arbeitsfortschritt dokumentieren, was ihm selbst und auch der Lehrkraft einen Überblick über den Verlauf seiner kriminalistischen Tätigkeit verschafft.

Als weitere Kopien kommen ein **Detektivausweis** für jedes Kind sowie die **Urkunden** für erfolgreich gelöste Fälle hinzu. Hierbei liegt es im Ermessen der Lehrkraft, ob die Schülerinnen und Schüler nach jedem einzelnen Fall eine Urkunde bekommen oder ausschließlich die Urkunde für Meisterdetektive nach dem Abschluss aller Ermittlungen. Beides – Detektivausweis und Urkunde(n) – dienen der Aufrechterhaltung von Motivation und Lernbereitschaft.

Zum Einsatz der Materialien im Unterricht

Die vorliegenden Materialien können **sowohl in offenen als auch geschlossenen Unterrichtsformen** eingesetzt werden.

Hierbei kann entweder **jedes Kind in seinem Tempo** die sechs kriminalistischen Fälle bearbeiten oder aber einzelne Fälle gesondert lösen. In beiden Fällen ist es empfehlenswert, eine **Kartei** herzustellen, welche einerseits die Selbstständigkeit der Kinder fördert und andererseits natürlich die Zahl der Kopien einschränkt. Förderlich wäre weiterhin, die Aufgaben in Einzelarbeit erledigen zu lassen, um so gewährleisten zu können, dass jede einzelne Schülerin und jeder einzelne Schüler die eigene Lesekompetenz erweitern kann und sich aktiv als Detektivin oder Detektiv einbringt.

Es ist empfehlenswert, der Arbeit mit den Materialien eine **Einführungsstunde** voranzustellen, in der die gemeinsame Erarbeitung eines Erfahrungsrahmens zum Themenbereich Detektive erfolgt. Im Folgenden wird aufgeführt, wie eine solche Stunde gestaltet werden könnte:

Zunächst ist es wichtig, die Vorerfahrungen der Kinder aufzugreifen. Hierfür eignet sich die Sammlung ihres Wissens in Form einer Mindmap an der Tafel. Daran kann sich eine Gruppenarbeit anschließen, in welcher die Schülerinnen und Schüler die gesammelten Merkmale nach Oberthemen, die gemeinsam festgelegt werden, ordnen. Diese könnten zum Beispiel das Aussehen, die Aufgaben und die Funktionen eines Detektivs sein. An dieser Stelle muss die Lehrkraft entscheiden, ob die genannten Merkmale der Kinder ausreichend für diese Arbeitsphase sind oder ob weitere Informationen über Detektive ergänzt werden müssen. Die folgende Präsentation und Reflexion der Arbeitsergebnisse sollte vor allem in der Hinsicht erfolgen, ob die einzelnen Merkmale den passenden Oberbegriffen zugeordnet werden konnten.

Als Endprodukt der Stunde könnte ein Plakat mit den zentralen Besonderheiten eines Detektivs in der Klasse aufgehängt und den Kindern somit in der anschließenden Arbeit mit der Kartei ständig präsent gemacht werden.

Für die Bearbeitung der Aufgaben sollten im Voraus die grundlegenden Arbeitsprinzipien geklärt werden, welche die Kinder in Form einer Handreichung erhalten (s. S. 77). An dieser Stelle ist anzumerken, dass es stark von den Vorerfahrungen der Klasse abhängt, inwieweit die Prinzipien erklärt werden müssen, die mit offenem Arbeiten zusammenhängen, d.h. die Selbstkontrolle, die Arbeit mit Symbolen, das regelmäßige Eintragen der Arbeitsfortschritte in den „Arbeitsplan für Detektive" sowie die eigenständige Beschaffung des notwendigen Arbeitsmaterials.

Wo ist Bodo Bösewicht?

Der Detektiv Albert Allesfinder sitzt an seinem Schreibtisch.
Mehrere Jahre sucht er nun schon
nach dem braunhaarigen Bodo Bösewicht.
Der große Mann hat mehrere Banken überfallen.
Bis jetzt konnte Bodo Bösewicht mit seiner dicken Knollennase
nicht gefasst werden.

Der letzte Hinweis zu Bodo kam von einer alten Dame.
Sie sagte, dass der Verbrecher jetzt einen dunklen Vollbart hat.
Seine Sonnenbrille und die karierte Hose trägt er immer noch.
„So", sagt Detektiv Allesfinder, „dann wollen wir doch mal sehen,
ob wir Bodo endlich schnappen können.
Ich werde ein Bild von ihm zeichnen lassen."

Aufgabe
Unterstreiche im Text, wie Bodo Bösewicht aussieht.
Male dann ein Bild von ihm.

Detektivtipp
Im Text sind 6 Hinweise versteckt.

Wo ist Bodo Bösewicht?

 Albert Allesfinder lässt das Bild von Bodo Bösewicht
in der ganzen Stadt verteilen.
Möglichst viele Menschen sollen überlegen, ob sie diesen Schurken
schon einmal gesehen haben.
Zwei Tage später klingeln pausenlos
die Telefone im Büro von Detektiv Allesfinder.
Er bittet seine Mitarbeiter: „Geht ihr an die Telefone, wenn sie klingeln.
Es geht um Bodo Bösewicht! Und schreibt mir auf,
welche wichtigen Hinweise die Leute am Telefon haben!"
Als Albert Allesfinder später wieder in sein Büro kommt,
liegt auf seinem Schreibtisch ein Zettel.
Darauf stehen die wichtigen Hinweise zu Bodo.
Der Detektiv liest den Zettel und motzt ärgerlich los:
„Potz Blitz nochmal! Wer hat denn diesen Zettel geschrieben?
Ich kann gar nicht erkennen, wo ein Wort anfängt und wo es aufhört!"

 Aufgabe
Hilf Detektiv Allesfinder dabei, den Zettel zu lesen.
Setze nach jedem Wort einen Strich.
Schreibe den Text dann neu auf.

 Detektivtipp
1. Sprich während des Lesens leise mit.
2. Lies langsam.
   Überlege immer wieder, ob du ein sinnvolles Wort gefunden hast.
   Passt es zu dem Wort davor?

DerGaunerBodoBösewichtwurdeinderStadtgesehen.

EinigePersonenhabengesagt,dasserralleineineinerWohnunglebt.

DieWohnungistinderSchurkenstraßefünfundzwanzig.

DerVerbrecherhatseinenVollbartabrasiert.

SeineHaaresindnochbraunundlang.

Anna Schrewe: Dem Täter lesend auf der Spur
© Persen Verlag

Wo ist Bodo Bösewicht?

Albert Allesfinder macht sich mit seinem Mitarbeiter auf den Weg.
Er will Bodo Bösewicht finden.
Sie kommen in der Schurkenstraße an und gehen zu Haus Nummer 25.
„So, dann wollen wir mal", freut sich der Detektiv.
Aber auf keinem der Klingelschilder steht der Name Bösewicht.
„Das gibt es doch nicht!", meckert Albert Allesfinder.
„Haben die Leute am Telefon sich wohl vertan?
Sie haben doch gesagt, dass Bodo hier wohnt!"
Sein Mitarbeiter beruhigt ihn: „Ruhig, ruhig, Herr Meisterdetektiv.
Ich denke, Bodo hat seinen Namen geändert, damit wir ihn nicht finden!"
„Ja, das könnte sein", antwortet Allesfinder.
„Überlegen wir doch noch einmal, was wir alles über diesen Verbrecher wissen.
Und dann gehen wir von Haustür zu Haustür.
Wir überprüfen einfach alle Menschen, die hier im Haus wohnen!"

Aufgabe
Hilf Detektiv Allesfinder, sich an alles Wichtige zu erinnern.
Kreuze an, was zu Bodo Bösewicht passt.

Detektivtipp
1. Lies die Texte von Aufgabe 1 und 2 noch einmal.
2. Du kannst 4 Punkte ankreuzen.

- ☐ braune Haare
- ☐ groß
- ☐ schwarze Haare
- ☐ wohnt mit einem Mann und einer Frau zusammen
- ☐ Vollbart
- ☐ Sonnenbrille
- ☐ karierte Hose
- ☐ hat einen Hund

Wo ist Bodo Bösewicht?

Detektiv Allesfinder und sein Mitarbeiter betreten das Haus.
Sie gehen von Tür zu Tür.
Dabei befragen sie alle Menschen im Haus.
In Wohnung 1 wohnt eine alte Dame,
die einen ganz runden Rücken hat.
Ihr Kopf ist weit heruntergebeugt.
Sie kann dem Detektiv kaum ins Gesicht schauen.
Die Dame guckt nach unten und redet wenig.
Das Ehepaar in Wohnung 2 ist wütend darüber,
dass die Polizei im Haus ist.
Es möchte nicht, dass seine beiden Kinder
mit bösen Menschen zusammenleben.
Das Ehepaar verspricht, Herrn Allesfinder alles Verdächtige zu erzählen.
In Wohnung 3 lebt ein Mann mit langen, blonden Haaren.
Er hat nur eine Unterhose und einen Pullover an.
Zu Albert Allesfinder ist er freundlich, wirkt aber sehr nervös.
Bei der Verabschiedung fällt dem Detektiv auf, dass auf der Kommode im Flur
eine Sonnenbrille liegt.
„Geschafft", sagt Albert Allesfinder,
als er mit seinem Mitarbeiter wieder auf der Straße steht.
„Jetzt müssen wir schnell aufschreiben, was wir erfahren haben.
Sonst vergessen wir vielleicht einen wichtigen Hinweis."

Wo ist Bodo Bösewicht?

Aufgabe

Schreibe für Albert Allesfinder auf, was er über die Leute herausgefunden hat. Schreibe kurze Sätze in die Tabelle.

Detektivtipp

Unterstreiche im Text alles Wichtige zu den Menschen
– in Wohnung 1 rot, – in Wohnung 2 grün – und in Wohnung 3 gelb.

	Das hat Albert Allesfinder herausgefunden:
Wohnung 1	
Wohnung 2	
Wohnung 3	

Wo ist Bodo Bösewicht?

Aufgabe

Sieh dir deine Tabelle von Aufgabe 4a an.
In welcher Wohnung wohnt Bodo Bösewicht?

Detektivtipp

1. Kreuze die richtigen Antworten an.
2. Überlege, in welcher Wohnung Bodo wohnt.
   Schreibe deine Begründung auf die Linie dieser Wohnung.

Bodo Bösewicht wohnt in **Wohnung 1**, weil …
- ☐ … Verbrecher immer in Wohnung 1 wohnen.
- ☐ … die Oma verkleidet ist.
- ☐ … die Oma eine Sonnenbrille hat.
- ☐ … _____

Bodo Bösewicht wohnt in **Wohnung 2**, weil …
- ☐ … ihm die Wohnung so gut gefällt.
- ☐ … hier ein Ehepaar lebt.
- ☐ … er mit seiner Frau und seinen Kindern hier lebt.
- ☐ … _____

Bodo Bösewicht wohnt in **Wohnung 3**, weil …
- ☐ … der Mann lange Haare hat.
- ☐ … er seine karierte Hose schnell ausgezogen hat.
- ☐ … im Flur der Wohnung eine Sonnenbrille liegt.
- ☐ … _____

Wo ist Bodo Bösewicht?

 Der Detektiv Albert Allesfinder sitzt verzweifelt an seinem Schreibtisch.
Mehrere Jahre sucht er nun schon nach dem braunhaarigen Bodo Bösewicht.
Der große Mann hat mehrere Banken überfallen
und dabei über eine Million Euro gestohlen.
Aber so sehr Allesfinder und sein Team sich auch bemühen:
Bodo Bösewicht mit seiner dicken Knollennase ist nicht zu finden.
Der letzte Hinweis zu seinem Aufenthaltsort kam von einer alten Dame.
Sie sagte aus, dass Bodo jetzt einen dunklen Vollbart hat.
Seine Sonnenbrille und die karierte Hose trägt er scheinbar immer noch.
„So", sagt Detektiv Allesfinder, „dann wollen wir doch mal sehen,
ob wir den Burschen mit einem neuen Fahndungsbild schnappen können.
Ich werde sofort ein neues Bild von ihm zeichnen lassen."

 Aufgabe
Unterstreiche alle Hinweise im Text,
in denen du etwas über das Aussehen von Bodo erfährst.
Male dann ein Bild von ihm.

 Detektivtipp
Lies den Text sorgfältig. Manche Hinweise sind versteckt!

Fahndungsfoto

Wo ist Bodo Bösewicht?

 Albert Allesfinder lässt das neue Fahndungsbild von Bodo Bösewicht
in der ganzen Stadt verteilen. Möglichst viele Menschen sollen überlegen,
ob sie diesen Schurken schon einmal gesehen haben.
Zwei Tage später klingeln pausenlos die Telefone im Büro von Detektiv Allesfinder.
Ganz viele Menschen glauben, Bodo gesehen zu haben.
Weil der Detektiv aber noch einen wichtigen Termin hat, bittet er seine Mitarbeiter:
„Geht ihr an die Telefone, wenn sie klingeln. Es geht um Bodo Bösewicht!
Und schreibt mir auf, welche wichtigen Hinweise die Leute am Telefon haben!"
Als Albert Allesfinder einige Stunden später wieder in sein Büro kommt,
liegt auf seinem Schreibtisch ein Zettel mit den wichtigen Informationen.
Der Detektiv liest den Zettel und motzt ärgerlich los:
„Potz Blitz und zum Donnerwetter nochmal! Wer hat denn diesen Zettel geschrieben?
So eine Schmiererei! Ich kann gar nicht erkennen,
wo ein Wort anfängt und wo es aufhört!"

 Aufgabe
Hilf Detektiv Allesfinder dabei, den Zettel zu lesen.
Setze nach jedem Wort einen Strich.
Schreibe den Text dann neu auf.

 Detektivtipp
1. Sprich während des Lesens leise mit.
   So erkennst du besser, wo ein Wort endet.
2. Lies langsam. Überlege immer wieder, ob du ein sinnvolles Wort gefunden hast und
   ob es zu dem Wort davor passt.

DerGaunerBodoBösewichtwurdevonmehrerenPersoneninderStadtgesehen.
ViervondiesenPersonenhabengesagt,dasseralleineineinerkleinenWohnunglebt.
DieWohnungistwahrscheinlichinderSchurkenstraßefünfundzwanzig.
DerVerbrecherhatseinenVollbartscheinbarwiederabrasiert.
Bestimmt,weilerdieBildervonsichüberallgesehenhat.
SeineHaaresindimmernochdunkelbraunundschulterlang,meistensträgtereinenZopf.

Wo ist Bodo Bösewicht?

Albert Allesfinder macht sich mit seinem besten Mitarbeiter auf den Weg, um Bodo Bösewicht zu überführen.
In der Schurkenstraße angekommen, stehen die beiden vor dem Haus mit der Nummer 25. „So, dann wollen wir mal",
freut sich der Detektiv und reibt sich voller Vorfreude die Hände.
Doch schon kurz darauf verzieht er enttäuscht das Gesicht.
Auf keinem der Klingelschilder steht der Name Bösewicht.
„Das gibt es doch nicht!", meckert Albert Allesfinder.
„Haben die Leute am Telefon sich wohl vertan, als sie gesagt haben,
sie hätten Bodo hier gesehen?" Sein Mitarbeiter beruhigt ihn:
„Ruhig, ruhig, Herr Meisterdetektiv. Ich denke, Bodo hat seinen Namen geändert,
damit wir ihn nicht finden!"
„Ja, das könnte sein", antwortet Allesfinder schon etwas fröhlicher.
„Überlegen wir doch noch einmal, was wir alles über diesen Verbrecher wissen.
Und dann gehen wir von Haustür zu Haustür und überprüfen einfach alle Menschen,
die hier im Haus wohnen!"

Aufgabe
Hilf Detektiv Allesfinder und seinem Mitarbeiter,
sich an alles Wichtige zu Bodo zu erinnern.
Kreuze an, was zu Bodo Bösewicht passt.

Detektivtipp
Wenn du dir nicht sicher bist, lies die Texte von Aufgabe 1 und 2 noch einmal.
Dort findest du die wichtigen Hinweise.

- ☐ braune Haare
- ☐ gestreifte Hose
- ☐ groß
- ☐ schwarze Haare
- ☐ wohnt mit einem Mann und einer Frau zusammen

- ☐ Vollbart
- ☐ Sonnenbrille
- ☐ karierte Hose
- ☐ hat einen Hund
- ☐ kaut immer Kaugummi

Wo ist Bodo Bösewicht?

 Detektiv Allesfinder und sein Mitarbeiter
betreten das Haus und gehen von Tür zu Tür.
Sie befragen alle Menschen, die im Haus wohnen
und sehen sie sich ganz genau an.
In Wohnung 1 wohnt eine alte Dame, die einen ganz
runden Rücken hat.
Ihr Kopf ist so weit heruntergebeugt, dass sie dem Detektiv
nur schlecht ins Gesicht schauen kann.
Sie guckt fast nur nach unten und redet kaum.
In Wohnung 3 lebt ein Mann mit langen, blonden Haaren.
Er hat nur eine Unterhose und einen Pullover an.
Zu Albert Allesfinder ist er freundlich, wirkt aber nervös.
Dazu ist aber leider keine Zeit. Bei der Verabschiedung fällt dem Detektiv auf,
dass auf der Kommode im Flur eine Sonnenbrille liegt.
Das Ehepaar in Wohnung 4 ist wütend darüber, dass die Polizei im Haus ist.
Es erklärt dem Detektiv, dass es nicht möchte, dass seine beiden Kinder
mit bösen Menschen unter einem Dach leben.
Deswegen verspricht das Paar Albert Allesfinder, sich sofort bei ihm zu melden,
wenn es etwas Verdächtiges bemerken sollte.
In Wohnung 2 lebt ein junger Mann, der schlecht gelaunt ist,
weil er vom Klingeln an der Tür geweckt wurde.
Er erklärt dem Detektiv, dass er gestern erst eingezogen
und vom Umzug noch ganz erschöpft ist.

Wo ist Bodo Bösewicht?

 Aufgabe

Schreibe für Albert Allesfinder auf, was er über die Leute herausgefunden hat.
Schreibe kurze Sätze in die Tabelle.

 Detektivtipp

Unterstreiche im Text alles Wichtige zu den Menschen
- in Wohnung 1 rot,
- in Wohnung 2 grün,
- in Wohnung 3 gelb
- und in Wohnung 4 blau.

	Das hat Albert Allesfinder herausgefunden:
Wohnung 1	
Wohnung 2	
Wohnung 3	
Wohnung 4	

Wo ist Bodo Bösewicht?

 Aufgabe
Sieh dir deine Tabelle von Aufgabe 4a an.
In welcher Wohnung wohnt Bodo Bösewicht?

Detektivtipp

1. Kreuze die richtigen Antworten an.
2. Überlege, in welcher Wohnung Bodo wohnt.
   Schreibe deine Begründung auf die Linie dieser Wohnung.

Bodo Bösewicht wohnt in Wohnung 1, weil …
- [ ] … Verbrecher immer in Wohnung 1 wohnen.
- [ ] … die Oma verkleidet ist.
- [ ] … die Oma eine Sonnenbrille hat.

- [ ] … _____

Bodo Bösewicht wohnt in Wohnung 2, weil …
- [ ] … hier ein Mann wohnt.
- [ ] … der junge Mann bestimmt nicht geschlafen hat.
- [ ] … der Mann noch nicht lange in der Wohnung lebt.

- [ ] … _____

Bodo Bösewicht wohnt in Wohnung 3, weil …
- [ ] … der Mann lange Haare hat.
- [ ] … er seine karierte Hose schnell ausgezogen hat.
- [ ] … im Flur der Wohnung eine Sonnenbrille liegt.

- [ ] … _____

Bodo Bösewicht wohnt in Wohnung 4, weil …
- [ ] … ihm die Wohnung so gut gefällt.
- [ ] … hier ein Ehepaar lebt.
- [ ] … er mit seiner Frau und seinen Kindern gestern in die Wohnung gezogen ist.

Alarm im Zirkus Potzblitz

Warm scheint die Sonne auf die große Wiese.
Hier steht seit einer Woche das Zelt des Zirkus Potzblitz.
Keine Wolke ist am Himmel zu sehen.
Vor dem Zelteingang stehen Menschen Schlange.
Alle möchten die nächste Vorstellung sehen.
Ein Clown macht kleine Späße mit ihnen.
Etwas hinter dem Zelt stehen die Wohnwagen der Zirkusfamilie.
Neben den Wohnwagen sind auch die Tiere untergebracht.
So kann die Familie die Tiger, Elefanten und Seehunde gut versorgen.
Im größten Wohnwagen wohnt der Zirkusdirektor mit seiner Familie.
Seine vier Kinder bereiten sich vor dem Wagen auf ihren Auftritt vor.
Sie üben, auf einem Seil zu balancieren.
Überall auf dem Platz herrscht ein bisschen Durcheinander.
Das gefällt Lara Langfinger und Gabriele Gebnichtsab besonders gut.
Unauffällig haben sie sich hinter dem Elefantenkäfig versteckt.
Sie besprechen dort noch einmal ihren Plan.

Aufgabe

Sieh dir das Bild vom Zirkus an.
Es sieht nicht alles so aus, wie es im Text beschrieben wird.
Kreise die Unterschiede auf dem Bild ein.

Detektivtipp

1. Unterstreiche im Text alle Hinweise dazu, wie der Zirkusplatz aussieht.
2. Es gibt 4 Unterschiede

Alarm im Zirkus Potzblitz

Die Vorstellung beginnt. „Meine Damen und Herren!
Herzlich willkommen im Zirkus Potzblitz!
Ich freue mich, dass so viele Menschen da sind!",
begrüßt der Zirkusdirektor die Zuschauer.
Alle achten nur noch auf die Vorstellung im Zelt.
Niemand macht sich Gedanken darüber,
dass Lara Langfinger und Gabriele Gebnichtsab sich dem Zirkuszelt nähern.
Leise und unauffällig schleichen sie zur Zirkuskasse.
Die langhaarige Lara passt auf, dass sie nicht erwischt werden.
In der Zeit öffnet die große Gabriele mit einem kleinen Brecheisen die Kasse.
Mit einem Lächeln auf den Lippen
stopft sie die Geldscheine in ihre braune Ledertasche.
Dann setzen sich die beiden unauffällig zwischen die Zuschauer.
Schon kurze Zeit später entdeckt einer der Clowns den Diebstahl.
Er erzählt es dem Zirkusdirektor. Der reagiert sofort.
Er ruft den Detektiv Manfred Mantel an und erklärt ihm, was passiert ist.
„Niemand darf das Zelt verlassen! Ich bin in fünf Minuten da!", ruft Manfred Mantel.
Schnell macht er sich auf den Weg zum Zirkus.

Aufgabe
Was steht nicht im Text?
Kreuze die falschen Aussagen an.
Schreibe die richtigen Sätze ab.

Detektivtipp
Wenn du dir nicht sicher bist, sieh noch einmal im Text nach.

- ☐ Die Zirkusvorstellung beginnt mit einem Lied.
- ☐ Lara Langfinger und Gabriele Gebnichtsab nähern sich leise der Zirkuskasse.
- ☐ Gabriele ist eine große Frau.
- ☐ Die kleine Gabriele öffnet die Kasse mit einem Brecheisen.
- ☐ Geldscheine sind die Beute der beiden Frauen.
- ☐ Der Zirkusdirektor entdeckt den Diebstahl.
- ☐ Manfred Mantel sagt dem Direktor, dass kein Zuschauer das Zelt verlassen soll.

Alarm im Zirkus Potzblitz

 Nach fünf Minuten kommt Detektiv Manfred Mantel beim Zirkus an.
„Gut, dass du da bist!", begrüßt ihn der Zirkusdirektor aufgeregt.
„Du musst unbedingt das Geld finden!"
Der Detektiv antwortet: „Dann machen wir uns mal an die Arbeit.
Wir müssen uns die Zuschauer genauer ansehen.
Ich hoffe, es hat niemand das Zelt verlassen?"
„Nein, aber die Leute sind sauer, weil sie nicht mehr zur Toilette dürfen.
Sonst dürfen sie nämlich immer auf das stille Örtchen.
Aber komm, wir müssen in die Manege", antwortet der Direktor.
Die beiden Männer betreten das Zirkuszelt und sehen
die vielen verärgerten Gesichter der Zuschauer.
„Meine sehr verehrten Damen und Herren!
Entschuldigung, dass Sie so lange warten mussten.
Aber während der Vorstellung wurde die Zirkuskasse ausgeraubt.
Wir vermuten, dass der Täter sich noch im Zelt aufhält",
erklärt Detektiv Manfred Mantel.
„Ist Ihnen etwas aufgefallen? Haben Sie Menschen aus dem Zelt gehen
oder hereinkommen sehen?"
Einen kurzen Moment lang herrscht Stille.
Doch dann fangen einige Zuschauer an zu rufen.
„Ich habe eine Frau mit langen Haaren hereinkommen sehen!"
„Mein Nachbar ist während der Vorstellung aufgestanden.
Als er wiederkam, hatte er eine schwarze Tasche dabei."
„Ich habe eine Frau mit einer Tasche gesehen. Sie war sehr groß!"
„Mir ist aufgefallen, dass eine Frau mit einer Brille
erst nach der Clownnummer hereinkam."
„Also gut", sagt Detektiv Mantel, „dann stehen jetzt bitte alle Personen auf,
zu denen die Beschreibungen passen."

Alarm im Zirkus Potzblitz

3a

Aufgabe

Kreise alle Zuschauer im Zelt ein, die aufstehen müssen.

Detektivtipp

Unterstreiche im Text die Stellen, in denen du etwas über das Aussehen der verdächtigen Zuschauer erfährst.

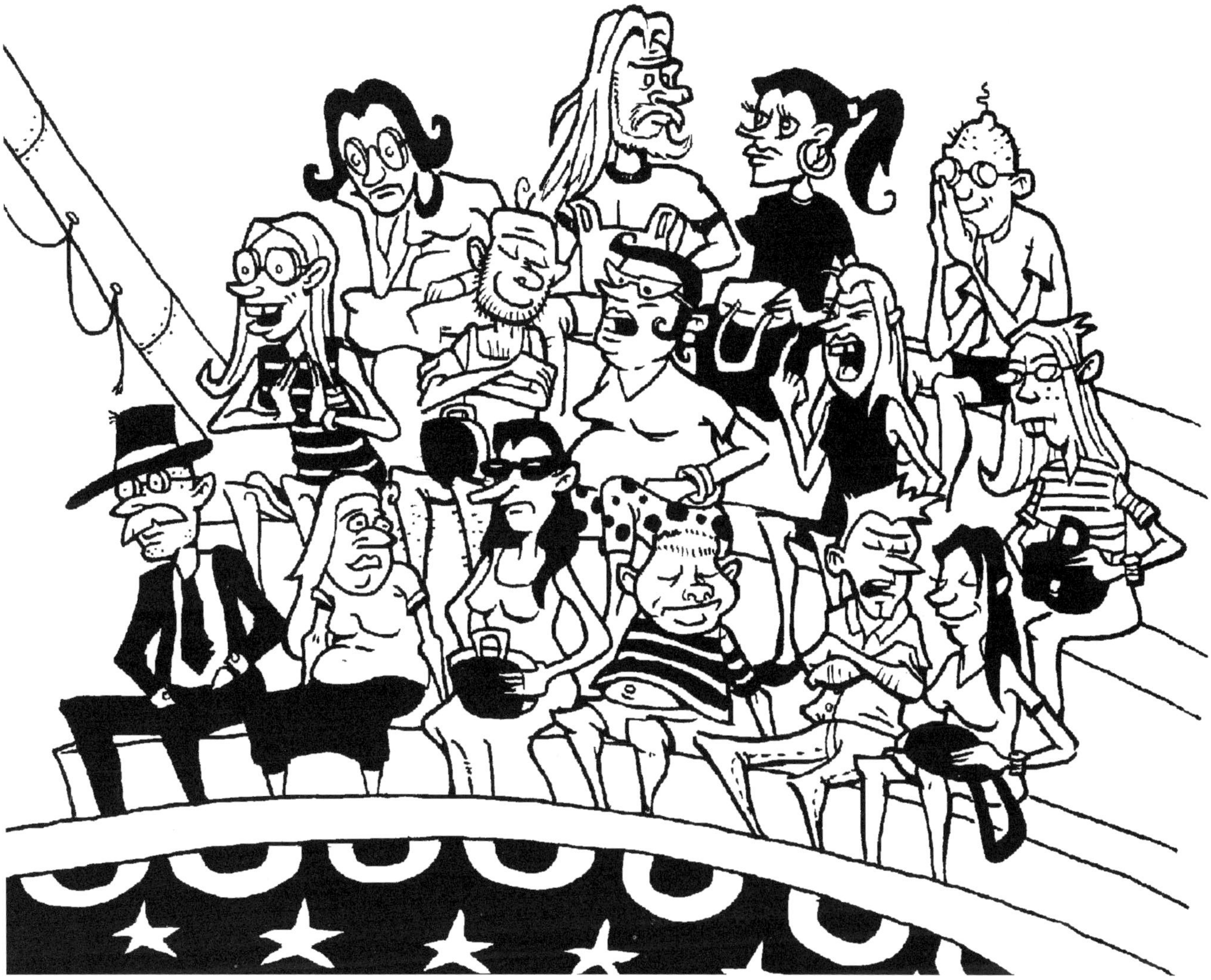

Alarm im Zirkus Potzblitz

Detektiv Mantel geht mit den verdächtigen Zuschauern
in den Wohnwagen des Direktors.
Dort möchte er ihnen einige Fragen stellen,
um den Täter so vielleicht überführen zu können.
Doch es kehrt keine Ruhe im Wohnwagen ein.
Wütend und laut schimpfen die verdächtigen Zuschauer mit dem Detektiv.
Manfred Mantel ist ratlos.
Dann wird es ihm zu bunt. „Ruuuuuuuuuhhhhhheeeeeeeeeee!", schreit er hilflos.
Es klappt, kein Mucks ist mehr zu hören.
„Bitte schreiben Sie mir auf, was Sie zum Zeitpunkt des Diebstahls gemacht haben.
Dann kann ich Ihre Aussage später der Polizei übergeben",
fordert der Detektiv die Verdächtigen auf.
Noch immer erschrocken von dem Wutausbruch des Detektivs
beginnen sie sofort mit dem Schreiben.

Aufgabe

Kreuze die Aussagen an,
mit denen sich Lara Langfinger und Gabriele Gebnichtsab verraten.
Schreibe diese Aussagen dann ab und erkläre schriftlich, wodurch sie sich verraten.

Detektivtipp

1. Überlege, was nur Lara und Gabriele wissen können.
2. Sie verraten sich mit zwei Aussagen.
3. Lies noch einmal den Text von Aufgabe 2.

☐ „Ich war während der Vorstellung die ganze Zeit im Zelt. Wenn sie mir nicht glauben, kann ich Ihnen gerne genau erklären, in welcher Reihenfolge die Artisten und Clowns aufgetreten sind."

☐ „Es ist eine Unverschämtheit mich zu verdächtigen! Nur weil ich eine braune Tasche dabei habe, in die ich Geldscheine stopfen könnte!"

☐ „Der Zirkusdirektor ist doch selbst Schuld daran, dass er bestohlen wurde. Warum lässt er die Kasse auch einfach unbeaufsichtigt? Kein Mensch hat während der Vorstellung einen Blick darauf geworfen!"

☐ „Während der Vorstellung war ich nur einmal kurz draußen, weil ich aufs Klo musste. Hätte ich gewusst, dass ich deswegen verdächtigt werde, die Kasse leer geräumt zu haben, hätte ich die Pinkelpause erst nach der Vorstellung gemacht!"

Alarm im Zirkus Potzblitz

 Manfred Mantel hat einen Verdacht.
Nun möchte er die Verdächtigen in kleineren Gruppen befragen.
Er beginnt mit Lara Langfinger und Gabriele Gebnichtsab.
Die beiden Frauen werden ganz schön nervös.
Sie beginnen zu stottern und im Wohnwagen hin und her zu laufen.
„Dieses unruhige Verhalten ist nichts für mich!", stöhnt der Detektiv.
„Ich muss die Antworten doch mitschreiben,
aber ich komme ganz schön durcheinander.
Ich schreibe als Namen mal nur die Anfangsbuchstaben der Vornamen
und Nachnamen auf, das geht schneller.
Habe ich das Gespräch denn jetzt richtig aufgeschrieben?"

 Aufgabe
Bringe das Gespräch von Detektiv Mantel und den beiden Frauen
in die richtige Reihenfolge.
Schreibe die Buchstaben zu den richtigen Nummern und finde das Lösungswort.

 Detektivtipp
Wenn du dir unsicher bist, hilft dir der Text von Aufgabe 2.

N	MM:	„Den Mund halten? Tja, damit haben Sie sich selbst verraten. Also raus mit der Sprache: Wo haben sie das Geld versteckt?"
F	GG:	„Ach, das hast du nicht nötig? Es war doch deine Idee zum Zirkus zu gehen und…"
I	LL:	„Halt doch den Mund! Merkst du denn gar nicht, dass du alles verrätst?"
L	MM:	„Erstens: Wie haben Sie es geschafft, die Kasse aufzubrechen?"
G	GG:	„Es liegt unter dem Sitz, auf dem ich im Zelt gesessen habe."
A	GG:	„Herr Detektiv, es weiß doch jedes Kind, dass man so etwas leicht mit einem guten Brecheisen hinbekommt!"
R	MM:	„Meine Damen, ich werde Sie wegen Diebstahls festnehmen lassen!"
G	LL:	„Glauben Sie wirklich, ich würde eine Kasse aufbrechen? Das habe ich nicht nötig!"
N	MM:	„Zweitens: Ich gehe davon aus, dass eine von Ihnen aufgepasst und eine die Kasse aufgebrochen hat."
E	LL:	„Du blöde Kuh! Jetzt hast du uns wirklich verraten."

Lösungswort:

L									
1	2	3	4	5	6	7	8	9	10

Alarm im Zirkus Potzblitz

 Warm scheint die Sonne auf die große Wiese,
auf der seit einer Woche der Zirkus Potzblitz sein riesiges Zelt aufgeschlagen hat.
Keine Wolke ist am Himmel zu sehen.
Vor dem Zelteingang hat sich schon eine Schlange mit Menschen gebildet,
die alle die nächste Vorstellung besuchen möchten.
Damit den Besuchern nicht so langweilig wird,
macht ein Clown kleine Späße mit ihnen.
Etwas hinter dem Zelt sind die Wohnwagen der Zirkusfamilie zu sehen.
Dicht neben den Wohnwagen sind auch die Tiere untergebracht.
So kann die Familie die Tiger, Elefanten und Seehunde am besten versorgen.
Im größten Wohnwagen wohnt der Zirkusdirektor mit seiner Familie.
Seine vier Kinder bereiten sich vor dem Wagen auf ihren großen Auftritt vor.
Sie haben sich ein kniehohes Seil gespannt
und üben noch einmal ihre schwierige Balanciernummer.
Überall auf dem Platz herrscht ein bisschen Durcheinander.
Das gefällt Lara Langfinger und Gabriele Gebnichtsab besonders gut.
Unauffällig haben sie sich hinter dem Elefantenkäfig versteckt,
um noch einmal ihren Plan zu besprechen.

Aufgabe

 Sieh dir das Bild vom Zirkus an.
Es sieht nicht alles so aus wie im Text.
Kreise die Unterschiede ein.

Detektivtipp

 Unterstreiche im Text alle Hinweise dazu, wie der Zirkusplatz aussieht.

Alarm im Zirkus Potzblitz

 Es ist soweit. Die Vorstellung beginnt. Trommelwirbel schallt durch das Zelt.
„Meine Damen und Herren! Herzlich willkommen im Zirkus Potzblitz!
Ich freue mich, dass so viele Menschen unsere Vorstellung sehen möchten!",
begrüßt der Zirkusdirektor die Zuschauer.
Weil alle nur noch auf die Vorstellung im Zelt achten,
macht sich niemand Gedanken darüber,
dass Lara Langfinger und Gabriele Gebnichtsab sich dem Zirkuszelt nähern.
Leise und unauffällig schleichen sie zur Zirkuskasse.
Während die langhaarige Lara aufpasst, dass sie nicht erwischt werden,
öffnet die große Gabriele mit ein paar geschickten Handgriffen
und einem kleinen Brecheisen die Kasse.
Mit einem zufriedenen Lächeln auf den Lippen stopft sie
die Geldscheine in ihre braune Ledertasche.
Dann setzen sich die beiden unauffällig zwischen die Zuschauer.
Schon kurze Zeit später entdeckt einer der Clowns den Diebstahl
und erzählt es dem Zirkusdirektor.
Der reagiert sofort. Er ruft seinen alten Freund, den Detektiv Manfred Mantel an
und erklärt ihm, was passiert ist.
„Achte darauf, dass keiner von den Zuschauern das Zelt verlässt!
Ich bin in fünf Minuten bei dir!", verspricht Manfred Mantel
und schwingt sich blitzschnell auf sein Fahrrad.

Alarm im Zirkus Potzblitz

 Aufgabe
Was steht nicht im Text?
Kreuze die falschen Antworten an.
Schreibe die richtigen Sätze ab.

 Detektivtipp
Wenn du dir nicht sicher bist, sieh noch einmal im Text nach.

- ☐ Manfred Mantel sagt dem Direktor, dass kein Zuschauer das Zelt verlassen sollte.
- ☐ Lara Gebnichtsab und Gabriele Langfinger nähern sich leise der Zirkuskasse.
- ☐ Gabriele ist eine große Frau.
- ☐ Die beiden Frauen setzen sich an den Rand der Manege.
- ☐ Lara Langfinger und Gabriele Gebnichtsab nähern sich leise der Zirkuskasse.
- ☐ Der Zirkusdirektor entdeckt den Diebstahl als Erster.
- ☐ Lara hat eine braune Tüte für das Geld dabei.
- ☐ Die Zirkusvorstellung beginnt mit einem Lied.
- ☐ Die kleine Gabriele öffnet die Kasse mit einem Brecheisen.
- ☐ Geldscheine sind die Beute der beiden Frauen.

Alarm im Zirkus Potzblitz

Wie versprochen kommt Detektiv Manfred Mantel nach fünf Minuten
beim Zirkus Potzblitz an. „Gut, dass du da bist!", begrüßt ihn der Zirkusdirektor
aufgeregt. „Du musst unbedingt das Geld finden, sonst sind wir ruiniert!"
„Ich werde mein Bestes geben", beruhigt der Detektiv den Direktor.
„Dann machen wir uns mal an die Arbeit. Was ist mit den Leuten,
die hier im Zirkus für dich arbeiten. Könnte von denen jemand dahinterstecken?"
„Auf keinen Fall, für meine Angestellten lege ich meine Hand ins Feuer",
ruft der Zirkusdirektor entrüstet.
„Okay, okay", überlegt Manfred Mantel, „dann müssen wir uns also die Zuschauer
genauer ansehen. Ich hoffe, es hat niemand das Zelt verlassen?"
„Nein, aber die Leute sind sauer, weil sie nicht mehr zur Toilette dürfen.
Das ist sonst während der Vorstellung ja kein Problem,
da gehen öfter mal Menschen auf das stille Örtchen.
Aber komm, wir müssen in die Manege", antwortet der Direktor.
Die beiden Männer betreten das Zirkuszelt
und sehen die vielen verärgerten Gesichter der Zuschauer.
„Meine sehr verehrten Damen und Herren, ich bitte vielmals um Entschuldigung,
dass Sie so lange hier im Zelt warten mussten.
Aber während der Vorstellung wurde die Zirkuskasse ausgeraubt und wir vermuten,
dass der Täter sich noch hier im Zelt aufhält", erklärt Detektiv Manfred Mantel.
„Deswegen möchte ich Sie bitten, uns zu sagen,
ob Ihnen etwas Verdächtiges aufgefallen ist.
Haben Sie Menschen aus dem Zelt gehen oder hereinkommen sehen?"
Einen kurzen Moment lang herrscht betroffene Stille im Zelt.
Doch dann fangen einige Zuschauer an zu rufen:
„Ich habe eine Frau mit langen Haaren hereinkommen sehen!"
„Mein Nachbar ist während der Vorstellung aufgestanden.
Als er wiederkam, hatte er eine schwarze Tasche dabei."
„Ich habe eine Frau mit einer Tasche gesehen. Sie war sehr groß!"
„Mir ist aufgefallen, dass eine Frau mit einer Brille
erst nach der Clownnummer hereinkam."
„Also gut", sagt Detektiv Mantel, „dann stehen jetzt bitte alle Personen auf,
zu denen die Beschreibungen passen."

Anna Schrewe: Dem Täter lesend auf der Spur
© Persen Verlag

Alarm im Zirkus Potzblitz

3a

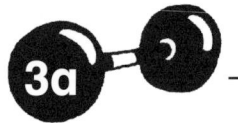

Aufgabe

Kreise alle Zuschauer im Zelt ein, die aufstehen müssen.

Detektivtipp

Unterstreiche im Text die Stellen, in denen du etwas über das Aussehen der verdächtigen Zuschauer erfährst.

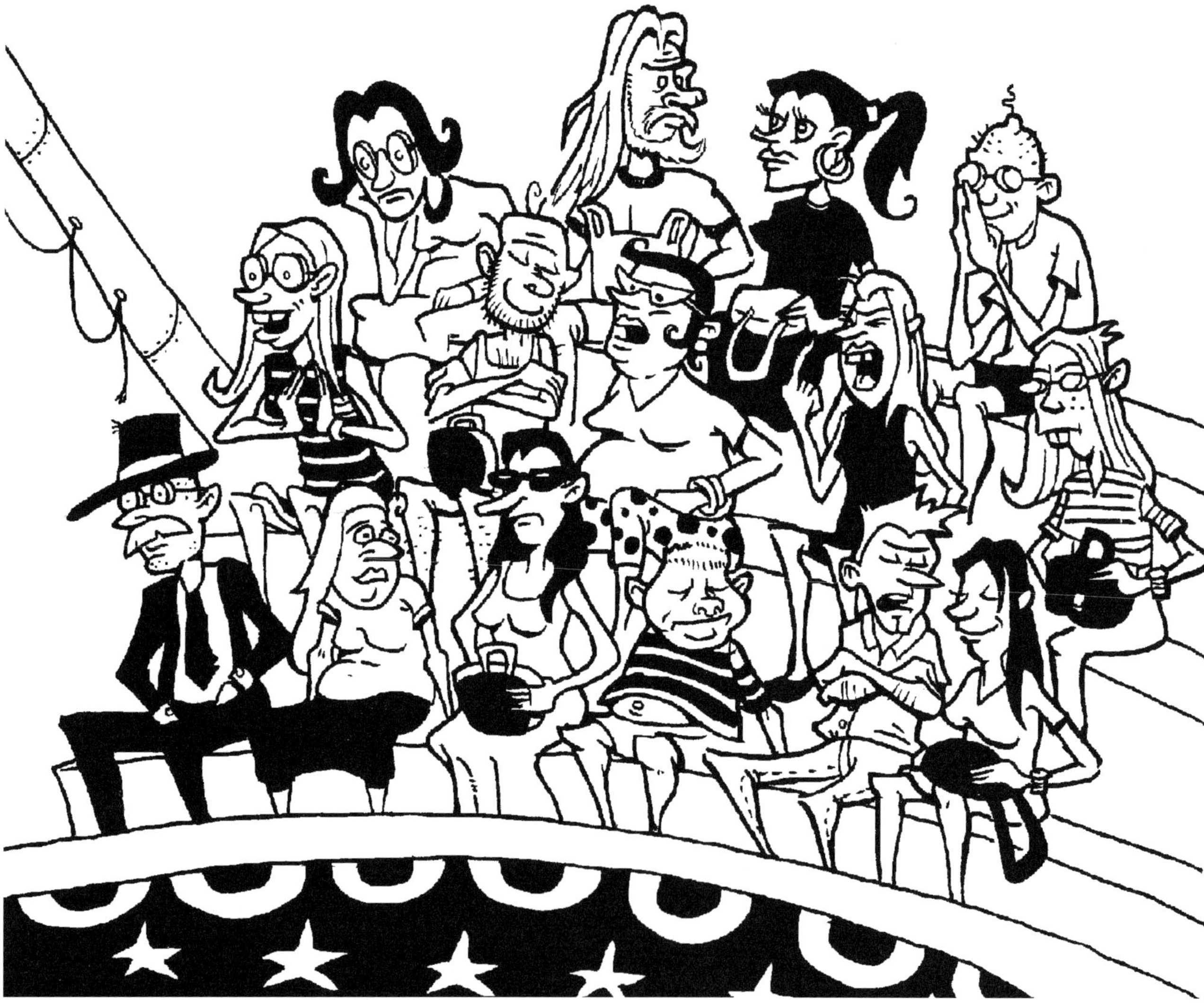

Alarm im Zirkus Potzblitz

 Detektiv Mantel geht mit den verdächtigen Zuschauern
in den Wohnwagen des Direktors.
Dort möchte er ihnen einige Fragen stellen,
um den Täter so vielleicht überführen zu können.
„Waren Sie es? Na los, sagen Sie schon, wo Sie mein Geld versteckt haben!",
schreit der Direktor einen Zuschauer an.
„Das bringt doch so nichts", meckert Detektiv Mantel genervt,
„ich mache das hier schon, geh du wieder ins Zelt zurück!"
Doch obwohl der Direktor auf seinen alten Freund hört,
kehrt keine Ruhe im Wohnwagen ein.
Wütend und laut schimpfen die verdächtigen Zuschauer
auf den Detektiv ein. Manfred Mantel ist ratlos.
Dann wird es ihm zu bunt. „Ruuuuuuuuuhhhhhheeeeeeeeeeee!", schreit er hilflos.
Es klappt, kein Mucks ist mehr zu hören.
„Bitte schreiben Sie mir auf, was Sie zum Zeitpunkt des Diebstahls gemacht haben,
damit ich Ihre Aussage später der Polizei übergeben kann",
fordert der Detektiv die Verdächtigen auf.
Noch immer erschrocken von dem Wutausbruch des Detektivs
beginnen sie sofort und ohne weiteres Murren mit dem Schreiben.

Alarm im Zirkus Potzblitz

Aufgabe
Kreuze die Aussagen an,
mit denen Lara Langfinger und Gabriele Gebnichtsab sich verraten.
Schreibe die Aussagen dann ab und erkläre schriftlich, wodurch sie sich verraten.

Detektivtipp
Überlege, was nur Lara und Gabriele wissen können.

☐ „Ich war während der Vorstellung die ganze Zeit im Zelt. Wenn sie mir nicht glauben, kann ich Ihnen gerne genau erklären, in welcher Reihenfolge die Artisten und Clowns aufgetreten sind."

☐ „Es ist eine Unverschämtheit mich zu verdächtigen! Nur weil ich eine braune Tasche dabei habe, in die ich Geldscheine stopfen könnte!"

☐ „Der Zirkusdirektor ist doch selbst Schuld daran, dass er bestohlen wurde. Warum lässt er die Kasse auch einfach unbeaufsichtigt? Kein Mensch hat während der Vorstellung einen Blick darauf geworfen!"

☐ „Während der Vorstellung war ich nur einmal kurz draußen, weil ich aufs Klo musste. Hätte ich gewusst, dass ich deswegen verdächtigt werde, die Kasse leer geräumt zu haben, hätte ich die Pinkelpause erst nach der Vorstellung gemacht!"

☐ „Den Diebstahl hätten mehrere Zuschauer machen können. Als ich in das Zelt kam, waren noch einige Plätze frei. Da hätte sich doch jeder während der Vorstellung einen Platz suchen können. Nicht nur ich!"

Alarm im Zirkus Potzblitz

Manfred Mantel hat einen Verdacht.
Nun möchte er die Verdächtigen in kleineren Gruppen befragen,
damit er sie etwas verunsichern kann.
Er beginnt mit Lara Langfinger und Gabriele Gebnichtsab.
Die beiden Frauen werden ganz schön nervös, beginnen zu stottern
und laufen im Wohnwagen hin und her.
„Dieses unruhige Verhalten ist nichts mehr für einen Mann in meinem Alter!",
stöhnt der Detektiv. „Ich muss die Antworten doch mitschreiben,
aber ich komme ganz schön durcheinander.
Ich schreibe als Namen mal nur die Anfangsbuchstaben der Vornamen
und Nachnamen auf, das geht schneller.
Habe ich das Gespräch denn jetzt richtig aufgeschrieben?"

Aufgabe
Bringe das Gespräch von Detektiv Mantel
und den beiden Frauen in die richtige Reihenfolge.
Schreibe die Buchstaben zu den richtigen Nummern und finde das Lösungswort.

Detektivtipp
Wenn du dir unsicher bist, hilft dir der Text von Aufgabe 2.

N	MM:	„Mund halten? Tja, damit haben Sie sich selbst verraten. Also raus mit der Sprache: Wo haben sie das Geld versteckt?"
F	GG:	„Ach, das hast du nicht nötig? Aber das Geld, das hast du schon nötig, oder? Es war doch deine Idee zum Zirkus zu gehen und …"
I	LL:	„Halt doch den Mund! Merkst du denn gar nicht, dass du alles verrätst?"
L	MM:	„Erstens: Wie haben Sie es geschafft, die Kasse aufzubrechen?"
G	GG:	„Es liegt unter dem Sitz, auf dem ich im Zelt gesessen habe."
A	GG:	„Herr Detektiv, es weiß doch jedes Kind, dass man so etwas leicht mit einem guten Brecheisen hinbekommt!"
R	MM:	„Meine Damen, ich werde jetzt die Polizei rufen und Sie wegen Diebstahls festnehmen lassen!"
G	LL:	„Glauben Sie wirklich, ich würde mir meine Finger damit schmutzig machen, eine Kasse aufzubrechen? Das habe ich wirklich nicht nötig!"
N	MM:	„Zweitens: Ich gehe davon aus, dass eine von Ihnen aufgepasst und eine die Kasse aufgebrochen hat."
E	LL:	„Du blöde Kuh! Jetzt hast du uns wirklich verraten. Und das Geld ist auch weg!"

Lösungswort:

L										
	1	2	3	4	5	6	7	8	9	10

Der blauäugige Bandit

Trude Traurig überrascht ihre Kinder nach dem Frühstück:
„Wir gehen heute in den Freizeitpark. Zieht euch schnell an."
Kurze Zeit später gehen die drei los.
Im Freizeitpark angekommen sollen Nina und Jan entscheiden,
was sie zuerst unternehmen wollen.
„Ich möchte in die Wildwasserbahn! Die kann ich von hier schon sehen.
Das ist bestimmt nicht so weit!", ruft Jan.
„Toll", antwortet Nina, „das Ponyreiten erkenne ich auch schon.
Dahin müssten wir auch nicht weiter laufen. Dann können wir das auch zuerst machen."
„Nö, doch nicht reiten!", meckert Jan.
„Und danach willst du bestimmt mit dem bescheuerten Kinderkarussell fahren?
Nur weil das neben uns steht?"
„Quatsch, du Blödmann!", schimpft Nina.
„Ich würde viel lieber in die Geisterbahn. Die ist schließlich direkt vor unserer Nase!"
„Kinder, ich bitte euch!", versucht Trude Traurig sie zu beruhigen.
„Die Leute gucken uns alle schon an. Einige sehen dabei richtig böse aus,
das macht mir Angst.
Ich würde sagen, wir essen erstmal ein Eis und überlegen dann in Ruhe, wo wir
starten."

Der blauäugige Bandit

 Aufgabe

Finde heraus, welches Bild zu dem Text 1 passt.
Schreibe deine Begründung auf.

 Detektivtipp

Unterstreiche im Text alle Stellen, in denen du etwas über den Freizeitpark erfährst.

Bild 1 passt zum Text, weil …   Bild 2 passt zum Text, weil …

Der blauäugige Bandit

 Trude Traurig und ihre Kinder essen Eis. Allerdings haben sie dabei ein doofes Gefühl im Bauch. Alle Leute, die sie eben bei ihrem Streit böse angeguckt haben, stehen in der Nähe des Eisstandes. Also gehen sie nach dem Eis direkt in die Geisterbahn. Die drei Traurigs setzen sich zu dritt in einen Wagen und düsen los. Es ist stockdunkel.
„Uuaahh!", schreit es plötzlich neben ihnen.
Und ein weißes Gespenst huscht vorbei.
Kurze Zeit später plumpst direkt vor ihnen ein schwarzes Ding auf die Schienen. Danach hören sie ein schauriges Lachen und eine kalte Hand fasst jeden von ihnen an.
Plötzlich taucht neben ihnen eine vermummte Gestalt auf, die in Tücher gewickelt ist. Sie flüstert etwas Unverständliches und verschwindet wieder.
„Puh, da hinten kann ich ein Licht erkennen", ruft Jan erleichtert.
Aber so schnell ist es noch nicht vorbei. Auf einmal stoppt die Bahn und es wird wieder dunkel. Wie aus dem Nichts tauchen mehrere Augenpaare neben ihnen auf – und sind genauso schnell wieder verschwunden.
Kurz darauf ist das Licht wieder zu sehen und die Fahrt geht zu Ende.
„Gott sei Dank!", atmet Trude Traurig auf. Doch was ist das? „Meine Handtasche ist weg!", kreischt sie. „Die muss mir in der Geisterbahn geklaut worden sein!"
„Keine Sorge, meine Liebe", beruhigt sie der Chef der Geisterbahn. „Ich werde sofort unseren Detektiv Kalle Klarerfall rufen, der findet die Tasche schnell wieder!"

 Aufgabe
Erledige den ersten Teil der Arbeit für Kalle Klarerfall.
Schreibe auf, in welcher Reihenfolge die Traurigs erschreckt wurden.

 Detektivtipp
Unterstreiche die Geister im Text. Schreibe sie dann an den Rand.
So hast du die Reihenfolge direkt neben dem Text stehen.

Der blauäugige Bandit

Detektiv Kalle Klarerfall kommt bei der Geisterbahn an.

„Was ist passiert?", fragt er.

„Meine Handtasche wurde mir in der Geisterbahn gestohlen!", erklärt Trude Traurig.

Der Detektiv sagt: „Wie ich hörte, haben Sie schon überlegt,

in welcher Reihenfolge Sie in der Geisterbahn erschreckt wurden.

Das ist super! Können Sie mir noch etwas mehr sagen?

Wie sahen die Geister aus, die Sie erschreckt haben?

Ist Ihnen irgendetwas Besonderes aufgefallen?"

„Die Geister waren ja alle so schnell da und auch wieder weg.

Aber mir ist aufgefallen, dass das Gespenst sehr hoch flog", überlegt Jan.

Nina ergänzt: „Ja, das stimmt. Ganz gruselig fand ich die vielen Augen.

Vor allem ein Paar, das ganz komisch blau geleuchtet hat."

„Aber seltsame blaue Augen habe ich vorher auch schon einmal gesehen!",

erinnert sich Trude Traurig.

„Das Ding, das vor uns auf die Schienen gefallen ist, bei dem war das!"

„Na, das hört sich doch schon mal gut an!", brummt Kalle Klarerfall zufrieden.

„Das schreibe ich mir direkt auf!"

Aufgabe

Hilf Detektiv Kalle Klarerfall Ordnung in sein Chaos zu bringen.
Fülle die Tabelle für ihn aus.

Detektivtipp

1. Lies noch einmal im Text von Aufgabe 2 nach.
2. Achte bei „Besonderheiten" darauf, zu welchen Geistern den Traurigs im Text von Aufgabe 3 noch etwas mehr einfällt.
3. Bei einem Geist erfährst du gar nichts über sein Aussehen.

	Aussehen:	Besonderheiten:
Gespenst		
schwarzes Ding		
schauriges Lachen		
vermummte Gestalt		
Augenpaare		

Anna Schrewe: Dem Täter lesend auf der Spur
© Persen Verlag

Der blauäugige Bandit

„Aha, jetzt wird schon einiges klarer!", sagt Kalle Klarerfall.
„Wir wissen schon, welche Geister die Tasche nicht geklaut haben.
Dabei kann uns die Tabelle super helfen. Also:
Das Gespenst kann es nicht gewesen sein, weil es viel zu hoch geflogen ist.
Es wäre nicht an die Handtasche herangekommen.
Das schwarze Ding könnte es gewesen sein.
Wir wissen nicht, wohin es verschwunden ist.
Das schaurige Lachen kann die Handtasche genommen haben.
Es war ganz nah bei den Traurigs.
Die vermummte Gestalt kann es nicht gewesen sein.
Ihre Arme waren eingewickelt. Bleiben also die Augenpaare.
Von ihnen hätten es mehrere sein können.
Sie standen ja auch nah am Wagen. Ja, mir scheint, das ist ein klarer Fall!"
„Wieso ist das ein klarer Fall?", fragt Trude Traurig empört.
„Dann bleiben doch immer noch genug Geister übrig!"
„Ja, ich weiß. Aber es sieht so aus, als wäre der blauäugige Bandit am Werk gewesen.
Ihm bin ich schon länger auf der Spur. Er klaut gerne Handtaschen.
Vor allem hier im Freizeitpark!", erklärt Kalle Klarerfall.
„Ich hole jetzt mal die Geister aus der Bahn, bei denen ihre Handtasche sein könnte!"

Aufgabe
Kreuze alle richtigen Sätze an.

Detektivtipp
Wenn du dir nicht sicher bist, lies noch einmal in Ruhe im Text nach.

- ☐ Insgesamt 3 Geister können die Handtasche auf keinen Fall genommen haben.
- ☐ Trude Traurig erklärt dem Detektiv, welcher Geist der Dieb sein könnte.
- ☐ Kalle Klarerfall überlegt, welche Geister die Handtasche genommen haben könnten.
- ☐ Der blauäugige Bandit klaut gerne Handschuhe im Freizeitpark.
- ☐ Die Augenpaare standen nah am Wagen der Traurigs.
- ☐ Detektiv Klarerfall möchte mit den verdächtigen Geistern sprechen.
- ☐ Jan und Nina wissen genau, welcher Geist die Handtasche geklaut hat.

Der blauäugige Bandit

Detektiv Kalle Klarerfall hat nun das schwarze Ding,
das schaurige Lachen
und die Augenpaare um sich versammelt.
„Das sind ja gar keine richtigen Geister, das sind ja Menschen!", ruft Nina erstaunt.
„Klar sind das Menschen. Die spielen die Geister in der Geisterbahn doch nur!",
antwortet Jan genervt.
„Also ihr Geister", sagt Detektiv Kalle Klarerfall,
„dann erzählt mir doch mal, wer von euch etwas in der Geisterbahn bemerkt hat."
Das schwarze Ding beginnt: „Ich fand heute alles wie immer.
Vielleicht hat Frau Traurig ihre Handtasche nur verloren?
Ständig werden wir beschuldigt, wenn etwas weg ist!"
„Nicht wir! Du!", kreischt das schaurige Lachen.
„Immer wenn du dabei bist, verschwindet etwas."
„Ach, und was ist mit dir?", fragen die Augenpaare.
„Wie war das denn mit den verschwundenen Kameras?"
„Haltet doch die Klappe!", schreit das schaurige Lachen. „Die habe ich nicht
genommen!"
„Ähm!", mischt sich Detektiv Klarerfall ein, „Wer von Ihnen hat denn blaue Augen?"
„Der da! Der von den Augenpaaren.
Der ist sowieso immer so unheimlich!", ruft das schaurige Lachen sofort.
„Ja und?", fragt das schwarze Ding. „Ich habe auch blaue Augen.
Deswegen habe ich noch lange keine braune Handtasche geklaut!"
„Und außerdem: Unheimlich sein ist mein Beruf",
kreischt der Blauäugige von den Augenpaaren.
„Nur ruhig, meine lieben Geister.
Ich weiß schon, bei wem von Ihnen ich die Handtasche suchen muss!",
lächelt Detektiv Kalle Klarerfall zufrieden.

Aufgabe
Finde heraus, wie Kalle Klarerfall den Täter überführen konnte.
Schreibe zu jedem der Geister eine Begründung auf, ob es
der gesuchte Dieb ist oder nicht.
Beispiel: … war es, weil … .
              … war es nicht, weil … .

Detektivtipp
Unterstreiche im Text die Stellen,
in denen du etwas darüber erfährst,
was den Geist verraten könnte.

Der blauäugige Bandit

 Trude Traurig hat sich fest vorgenommen, sich heute einmal einen schönen Tag mit ihren Kindern Nina und Jan zu machen.
Deswegen überrascht sie die beiden nach dem Frühstück:
„Wir gehen heute in den Freizeitpark. Zieht euch schnell an."
Kurze Zeit später gehen die drei los.
Im Freizeitpark angekommen sollen Nina und Jan entscheiden,
was sie zuerst unternehmen wollen.
„Ich möchte in die Wildwasserbahn, die kann ich von hier schon sehen.
Das ist bestimmt nicht so weit!", ruft Jan.
„Toll", antwortet Nina, „das Ponyreiten erkenne ich auch schon
und dahin müssten wir auch nicht weiter laufen.
Dann können wir das auch zuerst machen."
„Nö, doch nicht reiten!", meckert Jan.
„Und danach willst du bestimmt mit dem bescheuerten Kinderkarussell fahren,
das neben uns steht?"
„Quatsch, du Blödmann!", schimpft Nina.
„Ich würde viel lieber in die Geisterbahn, die ist schließlich direkt vor unserer Nase!"
„Kinder, ich bitte euch!", versucht Trude Traurig sie zu beruhigen.
„Was sollen denn die Leute denken?
Die gucken uns alle schon an. Einige sehen dabei richtig böse aus, das macht mir Angst. Ich würde sagen, wir essen erstmal ein Eis und überlegen dann in Ruhe, wo wir starten."

Der blauäugige Bandit

Aufgabe
Finde heraus, welches Bild zu dem Text von Aufgabe 1 passt.
Schreibe deine Begründung auf.

Detektivtipp
Unterstreiche im Text alle Stellen,
in denen du etwas über den Freizeitpark erfährst.

Bild 1 passt zum Text, weil … _____   Bild 2 passt zum Text, weil … _____

_____   _____

_____   _____

_____   _____

_____   _____

Der blauäugige Bandit

Trude Traurig und ihre Kinder essen alle ein riesiges Eis. Allerdings haben sie dabei ein mulmiges Gefühl im Bauch. Alle Leute, die sie eben bei ihrem Streit böse angeguckt haben, stehen nämlich auch in der Nähe des Eisstandes.

Also gehen sie nach dem Eis direkt in die Geisterbahn, denn ein bisschen gegruselt haben sie sich ja sowieso schon. Durch die Geisterbahn geht es in einem kleinen Zug. Die drei Traurigs setzen sich in einen Wagen und schon düsen sie los. Es ist stockdunkel in der Geisterbahn.

„Uuuuuaaaaaaaaaahhhhhh!", schreit es plötzlich neben ihnen und ein weißes Gespenst huscht vorbei. Kurze Zeit später plumpst direkt vor ihrem Wagen ein riesiges, schwarzes Ding auf die Schienen, schreit kurz auf – und verstummt dann wieder. Kaum haben sich Trude Traurig und ihre Kinder von dem Schreck erholt, ertönt um sie herum ein schauriges Lachen und eine kalte Hand stupst jeden von ihnen einmal kurz am Arm an. „Mama, ich habe Angst!", schluchzt Nina. Doch gerade als Trude Traurig ihr antworten will, taucht neben ihnen eine vermummte Gestalt auf, die in graue Tücher gewickelt ist. Sie flüstert etwas Unverständliches und verschwindet genauso leise wie sie gekommen ist. „Puh, da hinten kann ich ein Licht erkennen", ruft Jan erleichtert. Aber so schnell sind sie noch nicht erlöst. Auf einmal ist kein Licht mehr zu sehen und die Bahn stoppt ihre Fahrt. Eng aneinander gedrückt sitzen die drei und trauen sich kaum zu atmen. Wie aus dem Nichts tauchen auf einmal mehrere Augenpaare neben ihnen auf – und sind genauso schnell wieder verschwunden. Kurz darauf ist das Licht wieder zu sehen und die Fahrt geht zu Ende. „Gott sei Dank!", atmet Trude Traurig auf. Doch was ist das? „Meine Handtasche ist weg!", kreischt sie. „Die muss mir in der Geisterbahn geklaut worden sein!"

„Keine Sorge, meine Liebe", beruhigt sie der Chef der Geisterbahn. „Ich werde sofort unseren Detektiv Kalle Klarerfall rufen, der findet die Tasche schnell wieder!"

Der blauäugige Bandit

 Aufgabe

Erledige den ersten Teil der Arbeit für Kalle Klarerfall.
Schreibe auf, in welcher Reihenfolge die Traurigs erschreckt wurden.

 Detektivtipp

Unterstreiche die Geister im Text.
Schreibe sie dann an den Rand.
So hast du die Reihenfolge direkt neben dem Text stehen.

Der blauäugige Bandit

 Es dauert nicht lange und Detektiv Kalle Klarerfall kommt bei der Geisterbahn an.
„Was ist passiert?", fragt er atemlos, weil er so gerannt ist.
„Meine Handtasche wurde mir in der Geisterbahn gestohlen!", erklärt Trude Traurig.
„Aber da müssen sie doch nicht traurig sein, Frau Traurig!", lächelt Kalle Klarerfall.
„Lassen Sie gefälligst Ihre Scherze!
Bringen Sie mir lieber meine Tasche zurück!", antwortet Frau Traurig verärgert.
„Ähm, natürlich. Entschuldigen Sie bitte!", sagt der Detektiv kleinlaut.
„Wie ich hörte, haben Sie schon überlegt,
in welcher Reihenfolge Sie in der Geisterbahn erschreckt wurden.
Das ist super! Können Sie mir noch etwas mehr sagen?
Wie sahen die Geister aus, die Sie erschreckt haben?
Ist Ihnen irgendetwas Besonderes aufgefallen?"
„Die Geister waren ja alle so schnell da und auch wieder weg.
Aber mir ist aufgefallen, dass das Gespenst sehr hoch flog", überlegt Jan.
Nina ergänzt: „Ja, das stimmt. Ganz gruselig fand ich die vielen Augen.
Vor allem ein Paar, das ganz komisch blau geleuchtet hat."
„Aber seltsame blaue Augen habe ich vorher auch schon einmal gesehen!",
erinnert sich Trude Traurig. „Das Ding, das vor uns auf die Schienen gefallen ist,
bei dem war das!" „Na, das hört sich doch schon mal gut an!",
brummt Kalle Klarerfall zufrieden. „Das schreibe ich mir direkt auf!"

Aufgabe
Hilf Detektiv Kalle Klarerfall Ordnung in sein Chaos zu bringen.
Fülle die Tabelle für ihn aus.
Kreise dann die Geister ein, die deiner Meinung nach die Handtasche
nicht geklaut haben.

Detektivtipp
1. Lies noch einmal im Text nach.
2. Achte bei „Besonderheiten" darauf, zu welchen Geistern den
   Traurigs im Text noch etwas mehr einfällt.
3. Bei manchen Geistern erfährst du nicht viel über ihr Aussehen.

	Aussehen:	Besonderheiten:
Gespenst		
schwarzes Ding		
schauriges Lachen		
vermummte Gestalt		
Augenpaare		

Der blauäugige Bandit

 „Aha, jetzt wird schon einiges klarer!", sagt Kalle Klarerfall.
„Wir können schon einmal ausschließen, welche Geister
es nicht gewesen sein können. Dabei kann uns die Tabelle super helfen.
Also: Das Gespenst kann es nicht gewesen sein, weil es viel zu hoch geflogen ist.
Es wäre nicht an die Handtasche herangekommen.
Das schwarze Ding könnte es gewesen sein, weil wir nicht wissen,
wohin es verschwunden ist.
Das schaurige Lachen kann die Handtasche genommen haben,
weil es direkt bei den Traurigs war. Es hat sie ja berührt.
Die vermummte Gestalt kann es nicht gewesen sein, weil sie so vermummt war,
dass auch die Arme eingewickelt waren.
Sie hätte sich selbst auch nicht befreien können.
Bleiben also die Augenpaare. Von ihnen hätten es mehrere sein können.
Sie standen ja schließlich auch nah am Wagen.
Ja, mir scheint, das ist ein klarer Fall!" „Wieso?", fragt Trude Traurig empört.
„Dann bleiben noch genug Geister, die es gewesen sein könnten!"
„Ja, ich weiß, meine Liebe. Aber es sieht mir so aus,
als wäre hier der blauäugige Bandit am Werk gewesen.
Ihm bin ich schon seit längerer Zeit auf der Spur.
Er klaut gerne Handtaschen und das vor allem hier im Freizeitpark!", erklärt Kalle Klarerfall.
Ich hole jetzt mal die Geister aus der Bahn, bei denen ihre Handtasche sein könnte!"

Aufgabe
Kreuze alle richtigen Sätze an.

Detektivtipp
 Wenn du dir nicht sicher bist, lies noch einmal in Ruhe im Text nach.

- ☐ Insgesamt 3 Geister können die Handtasche auf keinen Fall genommen haben.
- ☐ Trude Traurig erklärt dem Detektiv, welcher Geist der Dieb sein könnte.
- ☐ Kalle Klarerfall überlegt, welche Geister die Handtasche genommen haben könnten.
- ☐ Der blauäugige Bandit klaut gerne Handschuhe im Freizeitpark.
- ☐ Die Augenpaare standen nah am Wagen der Traurigs.
- ☐ Detektiv Klarerfall möchte mit den verdächtigen Geistern sprechen.
- ☐ Dass Detektiv Klarerfall etwas ausschließen möchte heißt, dass er überlegt, welche Geister die Tasche nicht geklaut haben können.
- ☐ Jan und Nina wissen genau, welcher Geist die Handtasche geklaut hat.

Der blauäugige Bandit

 Detektiv Kalle Klarerfall hat nun das schwarze Ding,
das schaurige Lachen und die Augenpaare um sich versammelt.
„Das sind ja gar keine richtigen Geister, das sind ja Menschen!", ruft Nina erstaunt.
„Oh, bist du blöd! Klar sind das Menschen.
Die spielen die Geister in der Geisterbahn doch nur!", antwortet Jan genervt.
„Also ihr Geister", sagt Detektiv Kalle Klarerfall,
„dann erzählt mir doch mal, wer von euch etwas in der Geisterbahn bemerkt hat.
Wer hat eine Vermutung, wo die Handtasche sein könnte?"
Das schwarze Ding beginnt zu berichten: „Also ich fand heute alles wie immer.
Vielleicht hat Frau Traurig ihre Handtasche ja einfach verloren?
Ständig werden wir beschuldigt, wenn etwas weg ist!"
„Wir? Nicht wir! Du!", kreischt das schaurige Lachen. „Immer wenn du dabei bist,
verschwindet irgendwas. Langsam wird das wirklich auffällig!"
„Ach, und was ist mit dir?", fragen die Augenpaare.
„Wie war das denn mit den verschwundenen Kameras vor kurzem?"
„Haltet doch die Klappe!", schreit das schaurige Lachen, das mittlerweile
gar nicht mehr so schaurig klingt. „Die habe ich doch nicht genommen!"
„Ähm, wenn ich Sie kurz unterbrechen dürfte", mischt sich Detektiv Klarerfall ein,
„Wer von Ihnen hat denn blaue Augen?"
„Der da! Der von den Augenpaaren.
Der ist sowieso immer so unheimlich!", ruft das schaurige Lachen sofort.
„Ja und?", fragt das schwarze Ding. „Ich habe auch blaue Augen,
aber deswegen habe ich noch lange keine braune Handtasche geklaut!"
„Und außerdem: Unheimlich sein ist mein Beruf",
kreischt der Blauäugige von den Augenpaaren.
„Deswegen habe ich noch lange nichts geklaut."
„Nur ruhig, meine lieben Geister.
Ich weiß sowieso schon, bei wem von Ihnen ich die Handtasche suchen muss!",
lächelt Detektiv Kalle Klarerfall zufrieden. „Das ist ganz klar ein klarer Fall!"

 Aufgabe
Finde heraus, wie Kalle Klarerfall den Täter überführen konnte.
Schreibe zu jedem der Geister eine Begründung auf, ob er der gesuchte Dieb ist oder nicht.
Beispiel: … war es, weil … .
            … war es nicht, weil … .

 Detektivtipp
Unterstreiche im Text die Stellen, in denen du etwas darüber erfährst, was den Geist verraten könnte.

Raub im Kaufhaus

 Der Detektiv Freddy Findejeden sitzt wie jeden Tag
in seinem kleinen Büro.
Er arbeitet in einem Kaufhaus. Dort muss er aufpassen,
dass die Kunden nichts klauen.
Dafür behält er die Kameras ständig im Auge.
Doch heute ist es ganz schön langweilig.
„Ich schlafe gleich ein!", motzt der Detektiv vor sich hin.
Er ist kurz davor einzudösen.
Da passiert es: Eine große Frau mit Hut, Schirm
und einer riesigen Handtasche
stopft einige Kleidungsstücke in ihre Tasche.
„Na warte! Das wird dir noch leid tun!", ruft Freddy Findejeden.
Und er flitzt los in die Damenabteilung.
Dort angekommen schaut er sich um.
Doch von der Frau ist nichts zu sehen.
„Dich kriege ich schon!", lacht der Detektiv
und geht zu den Umkleidekabinen.
Er arbeitet schon ein paar Jahre als Kaufhausdetektiv und weiß,
wo die Täter sich verstecken können.
Und die Umkleidekabinen sind dafür ein perfekter Ort.

 Aufgabe
Auf dem Weg zur Umkleidekabine überlegt Freddy Findejeden noch einmal,
wie ein typischer Kaufhausdieb sich verhält. Hilf ihm dabei.
Streiche die Dinge durch, die nicht zu einem Kaufhausdieb passen.

 Detektivtipp
Überlege dir, wie ein Kaufhausdieb sich wohl verhält, wenn er unauffällig etwas
stehlen will.

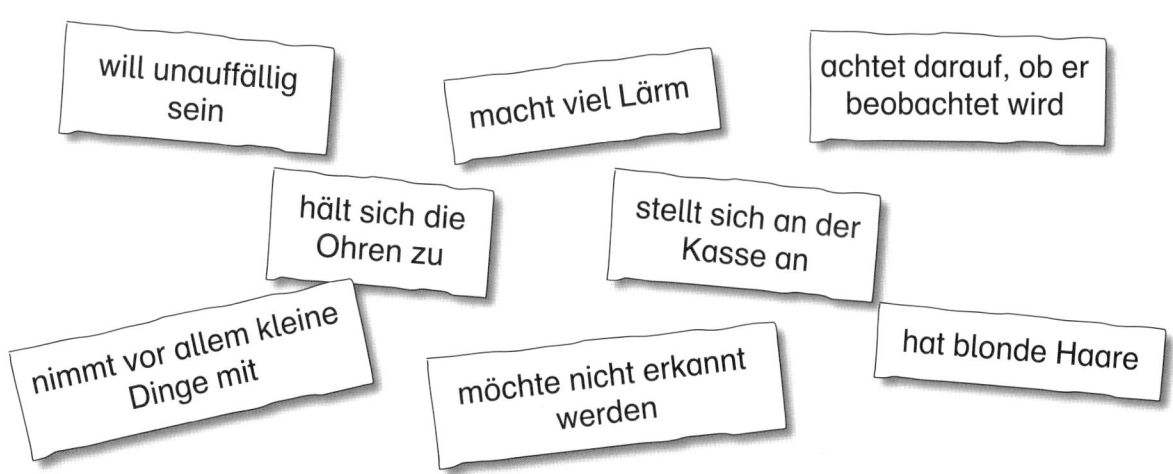

Raub im Kaufhaus

Freddy Findejeden läuft aufgeregt,
aber trotzdem sehr konzentriert durch das Kaufhaus.
Bis zu den Umkleidekabinen muss er noch ein kleines Stück gehen.
Er vermutet aber, dass die Frau sich dort versteckt.
Also läuft er an einem Kleiderständer mit Damenblusen,
der Abteilung für Badesachen und der Bettenausstellung vorbei.
Danach umkreist er einen Ständer mit Herrenjeans.
Dann läuft er weiter und geht direkt durch die Abteilung mit den Haushaltswaren.
Plötzlich hat er das Gefühl, die Frau wäre hinter ihm.
Blitzschnell läuft Freddy noch einmal bis in die Bettenausstellung.
Dort stellt er fest, dass er sich geirrt hat.
Also geht er seinen Weg zurück
und biegt hinter der Abteilung mit den Haushaltswaren ab.
Nun steht er vor den Umkleidekabinen.

 Aufgabe
Freddy Findejeden flitzt kreuz und quer durch das Kaufhaus.
Zeichne seinen Weg auf dem Bild ein.

 Detektivtipp
Unterstreiche im Text die Stellen, die etwas über den Weg von Freddy verraten.
Beispiel: Er läuft an einem Ständer mit Damenblusen, …

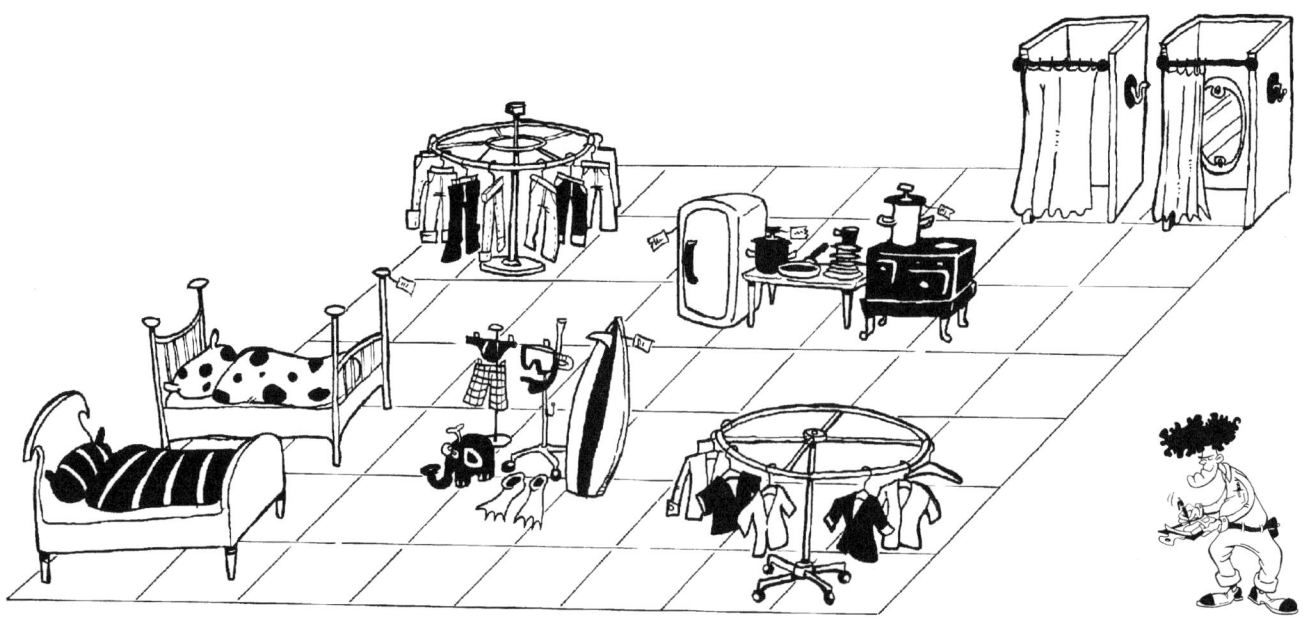

Raub im Kaufhaus

Freddy Findejeden ist bei den Umkleidekabinen angekommen.
Dann geht er auf die Knie und stützt sich mit den Händen auf dem Boden ab.
Vorsichtig und leise guckt er unter den zwei Kabinentüren her.

Beide Umkleiden sind besetzt.
Der Detektiv zählt die Füße, die er sehen kann.
In der rechten Umkleidekabine halten sich scheinbar zwei Leute zusammen auf.
Beide ziehen ihre Zehen an und zappeln nervös herum.

Freddy Findejeden steht auf und bewegt sich langsam und leise auf die Kabine zu.
Der Detektiv öffnet die Tür. Vor ihm stehen ein Mann und eine Frau.
„Was machen sie hier?", fragt der Detektiv.

„Was machen sie hier?", fragt da eine Stimme hinter Freddy.
Es ist sein Chef. „Sie sollen nicht in den Umkleidekabinen herumstehen,
sondern aufpassen, dass nichts gestohlen wird!"
„Aber Chef", stottert Freddy Findejeden,
„Die beiden Personen hier sind sehr verdächtig!"

Aufgabe
Freddy Findejeden soll seinem Chef erklären,
was vor den Umkleidekabinen passiert ist.
Hilf ihm dabei, indem du einen Spickzettel malst.
Male zu jedem Abschnitt des Textes ein Bild.

Detektivtipp
1. Überlege dir genau, was auf jedem Bild zu sehen sein soll.
   Lies dazu jeden Abschnitt noch einmal in Ruhe durch, bevor du malst.
2. Es kann dir helfen, wenn du die wichtigen Stellen unterstreichst.

Raub im Kaufhaus

„Warum sollten diese beiden Menschen verdächtig sein?",
möchte der Chef des Detektivs wissen.
„Das war so", beginnt Freddy, „Ich habe diese Dame beobachtet,
wie sie in der Damenabteilung Kleidungsstücke in ihre Tasche gestopft hat."
„ICH soll geklaut haben?
Als ob ich nicht genug Blusen in meinem Schrank zu Hause hätte!
In diesem Kaufhaus werde ich nie mehr etwas kaufen!
Wir gehen nach Hause!", kreischt die Frau los.
„Das geht nicht! Ich muss Sie bitten, mich in mein Büro zu begleiten.
Alles Weitere werden wir dann mit der Polizei regeln", sagt Freddy Findejeden.
„Vorher geht aber bitte jeder von Ihnen alleine in eine Umkleidekabine
und zieht sich wieder seine eigenen Sachen an.
Die gestohlenen Kleidungsstücke geben Sie mir dann bitte,
wenn sie sich fertig umgezogen haben."

Aufgabe
Was steht im Text?
Kreuze die richtigen Sätze an und schreibe sie auf.

Detektivtipp
1. Lies den Text noch einmal ganz genau.
2. Achte darauf, dass nicht jeder Satz auf dieser Karte genauso im Text stehen muss!
Wichtig ist der Inhalt!

☐ Der Chef des Detektivs findet den Mann und die Frau in der Kabine nett.
☐ Freddy Findejeden hat gesehen, wie die Frau Kleidungsstücke in ihre Tasche gestopft hat.
☐ Der Mann in der Umkleidekabine ist sauer.
☐ Die Frau weiß genau, dass Blusen gestohlen wurden.
☐ Freddy Findejeden will die Polizei informieren.

Raub im Kaufhaus

„Geben Sie auf! Mein Detektiv hat Sie überführt!",
lächelt der Chef von Freddy.
„Gute Arbeit, mein Lieber! Und entschuldigen Sie bitte,
dass ich eben mit Ihnen geschimpft habe!"
„Ist schon in Ordnung. Schließlich haben sich die beiden hier
ja auch einen wirklich guten Plan ausgedacht.
Aber dann hat die Frau sich ja zum Glück selbst verraten!",
antwortet Freddy Findejeden.
„Selbst verraten? ICH? Sie ticken wohl nicht ganz richtig!
Ich werde Sie alle beide anzeigen, weil Sie mich zu Unrecht beschuldigen!",
schreit die Frau in der Kabine.
„Ach wirklich? Zu Unrecht?", fragt Freddy Findejeden schadenfroh.
„Das können Sie der Polizei erzählen.
Und jetzt ziehen Sie endlich wieder ihren eigenen Pullover an.
Oder wollen Sie mir ernsthaft erzählen,
dass Sie auf meinem Überwachungsvideo eine Bluse tragen?
Und Ihre Handtasche ist auf dem Videoband auch sehr gut zu erkennen."
„Überwachungsvideo? Oh nein, …", schluchzt die Frau
und zieht sich wieder ihre eigenen Kleidungsstücke an.

 Aufgabe
Wie hat Freddy Findejeden die Frau und den Mann überführt?
Begründe deine Meinung schriftlich.

 Detektivtipp
1. Lies noch einmal genau die Texte der Aufgaben 4 und 5.
2. Überlege dir, was die Frau eigentlich nicht wissen konnte.

Raub im Kaufhaus

Der Detektiv Freddy Findejeden sitzt wie jeden Tag
in seinem kleinen, miefigen Büro.
Nachdem er mit seiner eigenen Überwachungsfirma pleitegegangen ist,
arbeitet er in einem Kaufhaus.
Dort muss er aufpassen, dass die Kunden nichts stehlen.
Dafür behält er natürlich die Überwachungskameras ständig im Auge.
Doch heute ist es ganz schön langweilig.
„Mann, nicht mal 'ne Packung Kaugummis will heute irgendwer klauen.
Ich schlafe gleich ein!", motzt der Detektiv vor sich hin.
Gerade als er wirklich kurz davor ist einzudösen, passiert es: Eine große Frau mit Hut,
Schirm und einer riesigen Handtasche stopft in der Damenabteilung
eilig einige Kleidungsstücke in ihre Tasche.
„Na warte, das wird dir noch leid tun!", ruft Freddy Findejeden
und flitzt los in die Damenabteilung. Dort angekommen schaut er sich um.
Er geht zwischen den Kleiderständern her und guckt dabei in alle Richtungen.
Doch von der Frau ist nichts zu sehen. „Dich kriege ich schon!", lacht der
Detektiv und steuert in Richtung der Umkleidekabinen.
Er arbeitet schließlich schon ein paar Jahre als Kaufhausdetektiv und weiß,
wo die Täter sich zurückziehen können, um ihre Beute besser zu verstecken.
Und die Umkleidekabinen sind dafür ein perfekter Ort.

 Aufgabe
Auf dem Weg zur Umkleidekabine überlegt Freddy Findejeden noch einmal,
wie ein typischer Kaufhausdieb sich verhält.
Hilf ihm dabei und streiche die Dinge durch, die nicht zu einem Kaufhausdieb passen.

 Detektivtipp
Überlege dir, wie ein Kaufhausdieb sich wohl verhält, wenn er unauffällig etwas
stehlen will.

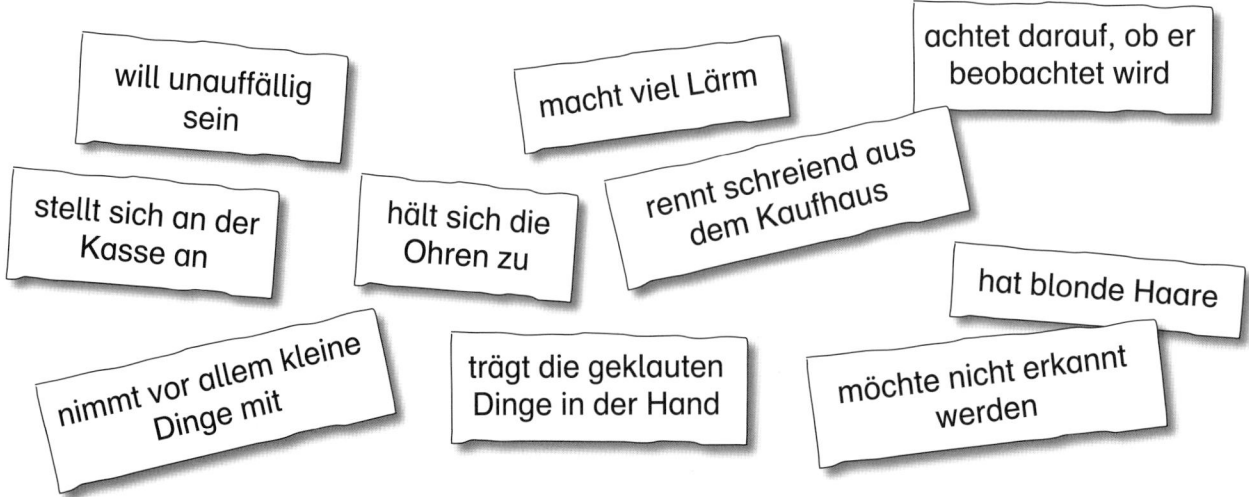

Raub im Kaufhaus

 Freddy Findejeden läuft aufgeregt, aber trotzdem sehr konzentriert
durch das Kaufhaus. Immer wieder blickt er nach links und rechts,
ob er die verdächtige Frau irgendwo entdecken kann.
Bis zu den Umkleidekabinen muss er noch ein kleines Stück gehen.
Er vermutet aber, dass die Frau sich dort versteckt.
Er läuft an einem Kleiderständer mit Damenblusen,
der Abteilung für Badesachen und der Bettenausstellung vorbei.
Danach umkreist er einen Ständer mit Herrenjeans, weil er sicher gehen will,
dass die Frau nicht zwischen den Hosen hockt.
Als er nachgeschaut hat, läuft er weiter
und geht direkt durch die Abteilung mit den Haushaltswaren.
Vor Aufregung hätte er fast einen Stapel mit teuren Töpfen umgeworfen.
Plötzlich hat er das Gefühl, die Frau wäre hinter ihm.
Blitzschnell läuft Freddy noch einmal bis in die Bettenausstellung.
Dort stellt er enttäuscht fest, dass er sich geirrt hat.
Also geht er zügig seinen Weg zurück
und biegt hinter der Abteilung mit den Haushaltswaren ab.
Nun steht er vor den Umkleidekabinen.

 Aufgabe
Freddy Findejeden flitzt kreuz und quer durch das Kaufhaus.
Zeichne seinen Weg auf dem Bild ein.

 Detektivtipp
Unterstreiche im Text die Stellen, die etwas über den Weg von Freddy verraten.
Beispiel: Er läuft an einem Ständer mit Damenblusen, …

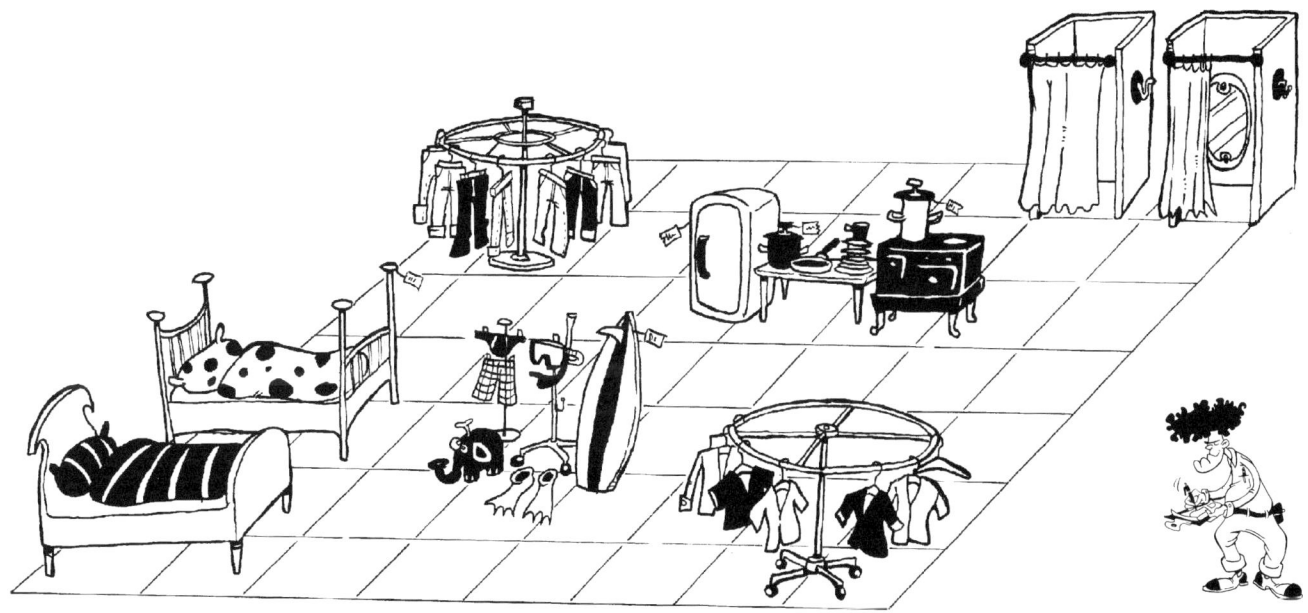

Raub im Kaufhaus

 Bei den Umkleidekabinen angekommen, holt Freddy Findejeden erst einmal tief Luft.
Dann geht er auf die Knie und stützt sich mit den Händen auf dem Boden ab.
Vorsichtig und leise guckt er unter den zwei Kabinentüren her.

Von den Umkleiden sind beide besetzt. Der Detektiv zählt die Füße,
die er sehen kann. Eigentlich müssten es vier sein. Doch, nanu?
In der rechten Umkleidekabine halten sich scheinbar zwei Leute zusammen auf.
Beide ziehen ihre Zehen an und zappeln nervös herum.

Freddy Findejeden steht wieder auf und bewegt sich langsam
und leise auf die Kabine zu. Fieberhaft überlegt er, was er nun machen soll.
Der Detektiv öffnet die Tür mit einem Ruck.
Vor ihm stehen ein Mann und eine Frau. „Was machen sie hier?", fragt der Detektiv.

„Was machen sie hier?", fragt da eine tiefe Stimme hinter Freddy.
Es ist sein Chef, der ihn böse anguckt.
„Sie sollen nicht in den Umkleidekabinen herumstehen, sondern aufpassen,
dass nichts gestohlen wird!" „Aber Chef", stottert Freddy Findejeden.
„Das mache ich doch. Die beiden Personen hier sind sehr verdächtig!"

Aufgabe
Freddy Findejeden soll seinem Chef erklären,
was vor den Umkleidekabinen passiert ist.
Hilf ihm dabei, indem du einen Spickzettel malst.
Male zu jedem Abschnitt des Textes ein Bild.

Detektivtipp
1. Lies jeden Abschnitt noch einmal in Ruhe durch, bevor du malst.
2. Es kann dir helfen, wenn du die wichtigen Stellen unterstreichst.

Raub im Kaufhaus

 „Warum sollten diese beiden Menschen verdächtig sein?",
möchte der Chef des Detektivs wissen.
„Genau, das möchten wir auch wissen!",
schimpfen der Mann und die Frau in der Umkleidekabine.
„Das war so", beginnt Freddy Findejeden, „Ich habe diese Dame beobachtet,
wie sie in der Damenabteilung Kleidungsstücke in ihre Tasche gestopft hat."
„Wiieee bitte?", kreischt die Frau los. „ICH soll geklaut haben?
So eine Unverschämtheit! Als ob ich nicht genug Blusen
in meinem Schrank zu Hause hätte!
In diesem Kaufhaus werde ich nie mehr etwas kaufen!
Komm Karl-Heinz, wir gehen auf der Stelle nach Hause!"
„Das geht leider nicht! Ich muss Sie bitten, mich in mein Büro zu begleiten.
Alles Weitere werden wir dann mit der Polizei regeln", sagt Freddy Findejeden.
Seitdem die Frau so aufgeregt losgekreischt hat, ist er wieder ganz ruhig geworden.
„Vorher geht aber bitte jeder von Ihnen alleine in eine Umkleidekabine
und zieht sich wieder seine eigenen Sachen an.
Die gestohlenen Kleidungsstücke geben Sie mir dann bitte,
wenn sie sich fertig umgezogen haben."
„Wieso gestohlene Kleidungsstücke? Ich verstehe gar nicht, was sie meinen!",
ruft der Mann verzweifelt.

Aufgabe

Was steht im Text?
Kreuze die richtigen Sätze an und schreibe sie auf.

Detektivtipp:

1. Lies den Text noch einmal ganz genau.
   Entscheide in Ruhe, welcher Satz stimmen könnte und welcher nicht.
2. Achte darauf, dass nicht jeder Satz auf dieser Karte genauso im Text stehen muss!
   Wichtig ist der Inhalt!

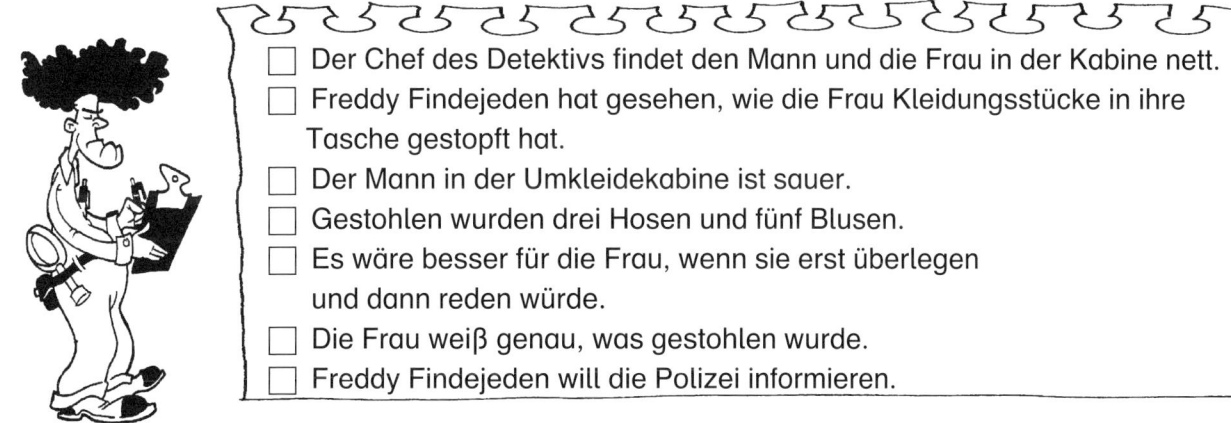

- ☐ Der Chef des Detektivs findet den Mann und die Frau in der Kabine nett.
- ☐ Freddy Findejeden hat gesehen, wie die Frau Kleidungsstücke in ihre Tasche gestopft hat.
- ☐ Der Mann in der Umkleidekabine ist sauer.
- ☐ Gestohlen wurden drei Hosen und fünf Blusen.
- ☐ Es wäre besser für die Frau, wenn sie erst überlegen und dann reden würde.
- ☐ Die Frau weiß genau, was gestohlen wurde.
- ☐ Freddy Findejeden will die Polizei informieren.

Raub im Kaufhaus

„Geben Sie auf! Mein Detektiv hat Sie überführt!
Das ist wirklich ein schlaues Kerlchen, nicht wahr?",
lächelt der Chef von Freddy glücklich. „Gute Arbeit, mein Lieber!
Und entschuldigen Sie bitte, dass ich eben mit Ihnen geschimpft habe!"
„Ist schon in Ordnung.
Schließlich haben die beiden hier sich ja auch einen wirklich guten Plan ausgedacht.
Ich habe einen Moment gebraucht, bis ich verstanden habe,
wie sie die gestohlenen Kleidungsstücke aus dem Kaufhaus schmuggeln wollten.
Aber dann hat die Frau sich ja zum Glück selbst verraten!",
antwortet Freddy Findejeden.
„Selbst verraten? ICH? Sie ticken wohl nicht ganz richtig! Von wegen gute Arbeit!
Ich werde Sie alle beide anzeigen, weil Sie mich zu Unrecht beschuldigen!",
schreit die Frau in der Kabine.
„Ach wirklich? Zu Unrecht?", fragt Freddy Findejeden schadenfroh.
„Das können Sie der Polizei erzählen. Die ist schon unterwegs.
Und jetzt ziehen Sie endlich wieder ihren eigenen Pullover an.
Oder wollen Sie mir ernsthaft erzählen,
dass Sie auf meinem Überwachungsvideo eine Bluse tragen?
Und Ihre Handtasche ist auf dem Videoband auch sehr gut zu erkennen."
„Überwachungsvideo? Oh nein, ...", schluchzt die Frau
und zieht sich wieder ihre eigenen Kleidungsstücke an.

 Aufgabe
Wie hat Freddy Findejeden die Frau und den Mann überführt?
Begründe deine Meinung schriftlich.

 Detektivtipp
Lies noch einmal genau die Texte der Aufgaben 4 und 5.
Überlege dir, was die Frau eigentlich nicht wissen konnte.

Angst im Museum

Es ist früh am Morgen.
Im Büro des Detektivs Dieter Durchblick klingelt das Telefon.
Ein Polizist sagt: „Ich habe eine dringende Bitte an Sie."
Der Detektiv fragt: „Wie kann ich Ihnen helfen?"
„Heute Nacht ist im Museum eingebrochen worden", antwortet der Polizist.
„Was wurde gestohlen?", möchte Herr Durchblick wissen.
Der Polizist berichtet: „Einige kleine Figuren aus Gold und ein sehr altes Buch
sind weg. Und das wertvollste Bild aus dem Museum wurde gestohlen:
das Bild von der Mona Lisa."
„Ich helfe Ihnen!", ruft Detektiv Durchblick.
„Dann treffen wir uns in einer halben Stunde vor dem Museum", sagt der Polizist.
Dieter Durchblick fährt blitzschnell dorthin.

 Aufgabe
Damit Dieter Durchblick nichts Wichtiges vergisst,
erklärt er seinem Mitarbeiter, was passiert ist.
Schreibe den Notizzettel dazu,
was Dieter Durchblick schon über den Raub im Museum weiß.

 Detektivtipp
Unterstreiche zuerst im Text die Antworten zu den Fragen:
– Wann wurde eingebrochen?
– Welche Gegenstände wurden gestohlen?
– Was ist das wertvollste Stück, das geraubt wurde?

Angst im Museum

Der Polizist und Detektiv Durchblick treffen sich vor dem Museum.
„Gehen wir hinein," sagt der Detektiv.
Darauf antwortet der Polizist: „Erst erkläre ich Ihnen, wie es im Museum aussieht.
Also: Wenn Sie das Gebäude betreten, kommen Sie in einen kleinen Flur.
Dort können Sie nach links gehen. So gelangen Sie in das gelbe Zimmer.
Wenn Sie durch die Tür hinten rechts gehen, kommen Sie in das grüne Zimmer.
Wenn Sie geradeaus weitergehen, erreichen Sie das blaue Zimmer.
Wenn Sie durch die rechte Tür gehen, kommen Sie in das rote Zimmer.
Vom roten Zimmer erreichen Sie das bunte Zimmer.
Sie können von hier wieder in den Flur gehen."
Nun gehen die beiden in das Museum. Der Detektiv hält sein Notizbuch in der Hand.
Er möchte einen Plan von dem Gebäude malen.

Aufgabe
Hilf Dieter Durchblick dabei, sich einen Plan zum Museum zu zeichnen.
Male auf dem Grundriss die Zimmer in der richtigen Farbe an.

Detektivtipp
Unterstreiche im Text die wichtigen Stellen in verschiedenen Farben.
Wenn es um das gelbe Zimmer geht, nimm dir einen gelben Stift
und unterstreiche „nach links gehen" und „gelbes Zimmer".
Mache es mit den anderen Zimmern und Farben genauso.

Angst im Museum

Detektiv Durchblick sagt: „Der Täter ist im roten Zimmer eingebrochen.
Da liegen Scherben auf dem Boden.
Also hat er die Fensterscheibe von außen eingeschlagen.
Fußabdrücke sind hier auch!
Dann hat der Dieb im blauen Zimmer das Bild abgenommen.
Danach ist er ins grüne Zimmer gegangen. Dort hat er das Buch geklaut.
Daraufhin ist er durch das gelbe Zimmer gelaufen.
Da hat er sich einige Goldfiguren eingesteckt.
Und danach ist er durch die Eingangstür hinausgelaufen!"
„Deswegen stand auch die Tür auf, als die Nachtwachen
den Diebstahl bemerkt haben", überlegt der Polizist.
„Ganz genau!", erwidert Detektiv Durchblick
und malt sich den Weg des Diebes in sein Notizheft.

Aufgabe
Finde auch du heraus, welchen Weg der Täter durch das Museum gelaufen ist.
Lies genau und male den Weg dann in den Grundriss des Museums von Aufgabe 2 ein.

Detektivtipp
Unterstreiche im Text, welchen Weg der Täter gegangen ist.

Angst im Museum

"So, dann finden wir jetzt heraus,
wann der Einbruch passiert ist," sagt Detektiv Durchblick.
"Ich habe schon viele Leute gefragt.
Einige haben etwas gesehen", antwortet der Polizist.
Ein Fußgänger hat um 01:12 Uhr
einen Taschenlampenschein im grünen Zimmer gesehen.
Der Täter hat wahrscheinlich um 00:35 Uhr im roten Zimmer das Fenster
eingeschlagen.
Um 01:30 Uhr hat der Wachmann bemerkt, dass die Eingangstür offen war.
Der Täter könnte um 00:50 Uhr das Bild im blauen Zimmer abgehängt haben.
Im gelben Zimmer wurden vermutlich gegen 01:20 Uhr die Goldfiguren gestohlen.
Detektiv Durchblick sagt: „Bringen Sie die Zeitangaben in die richtige Reihenfolge.
Dann können wir den Weg des Diebes herausfinden!"

 Aufgabe

Hilf dem Polizisten, die Zeitangaben zu ordnen.
Nimm dir dazu den Grundriss des Museums.
Trage nun jede Zeit in das Zimmer ein, zu dem der Dieb dort war.
Schreibe dann dazu, was er dort gemacht hat.

 Detektivtipp

1. Unterstreiche die Uhrzeiten.
2. Lies dann genau nach, was der Täter zu dieser Zeit gemacht hat und unterstreiche es.

Angst im Museum

„Suchen wir den Täter!", sagt Detektiv Durchblick.
„Wir befragen einfach alle Zeugen noch einmal.
Vielleicht kann einer den Täter beschreiben."
Nach der Befragung überlegt der Polizist: „Alle Zeugen haben gesagt,
dass der Täter ein Mann ist.
Er hatte eine dunkle Brille auf.
Der Mann war mittelgroß und hielt etwas in den Händen.
Zwei Zeugen erinnern sich daran,
dass der Einbrecher einen gestreiften Pullover getragen hat.
Der Spaziergänger hat gesehen, dass der Dieb
eine Taschenlampe trug und sehr viele Muskeln hatte."
Dieter Durchblick und der Polizist laufen zur Polizeiwache.
Dort sehen sie sich die Bilder der Verbrecher an.
„Das ist er!", ruft Dieter Durchblick schon nach kurzer Zeit.
„Los, geben Sie sofort eine Fahndung nach dem Täter heraus!"
Und schon drei Stunden später können der Detektiv und der Polizist
den Verbrecher hinter Gitter bringen.

 Aufgabe
Wie hat Dieter Durchblick so schnell erkannt, wer der Täter ist?
Kreise den richtigen Verbrecher ein und begründe schriftlich,
warum nur er es gewesen sein kann.

 Detektivtipp
Unterstreiche die Stellen im Text,
die etwas über das Aussehen des Täters verraten.

Angst im Museum

 Es ist früh am Morgen, als im Büro des Detektivs Dieter Durchblick
das Telefon klingelt. „Nanu? Wer kann das sein?", überlegt er.
Ein Beamter von der Polizei meldet sich am anderen Ende der Leitung.
„Ich habe eine dringende Bitte an Sie", sagt der Polizist aufgeregt.
Der Detektiv fragt überrascht: „Wie kann ich Ihnen denn helfen?"
„Heute Nacht ist im Museum eingebrochen worden", antwortet der Polizist.
„Wertvolle Gegenstände wurden dabei gestohlen. Niemand soll etwas davon erfahren."
„Um was für wertvolle Gegenstände handelt es sich denn?",
möchte Herr Durchblick wissen. Der Polizist zählt ihm die gestohlenen Sachen auf:
„Der Verbrecher nahm einige kleine Figuren aus Gold
und ein sehr altes Buch mit. Aber das schlimmste ist,
sie haben das wertvollste Bild aus dem Museum geraubt: das Bild von der Mona Lisa."
„Waaaaaaaas? Das gibt es doch nicht! Sie können fest mit meiner Hilfe rechnen!",
ruft Detektiv Durchblick entsetzt.
„Dann treffen wir uns in einer halben Stunde vor dem Museum",
sagt der Polizist erleichtert.
Herr Durchblick ruft noch schnell in den Hörer: „Alles klar. Bis später!"
Dann macht er sich blitzschnell auf den Weg.

 Aufgabe
Damit Dieter Durchblick nichts Wichtiges vergisst,
erklärt er seinem Mitarbeiter, was passiert ist.
Schreibe den Notizzettel dazu, was Dieter Durchblick
schon über den Raub im Museum weiß.

 Detektivtipp
Unterstreiche zuerst im Text die Antworten zu den Fragen:
– Wann wurde eingebrochen?
– Worauf muss Dieter Durchblick achten? Was darf nicht passieren?
– Welche Gegenstände wurden gestohlen?

Angst im Museum

 Etwas später treffen sich der Polizist und Detektiv Durchblick vor dem Museum.
„Das Museum bleibt heute geschlossen", sagt der Polizist.
Der Detektiv erwidert: „Gut, dann können wir ja direkt hineingehen
und uns umsehen." „Aber nein!", ruft der Polizist erschrocken.
„Wir müssen sehr vorsichtig sein.
Deswegen werde ich Ihnen jetzt erstmal erklären, wie es im Museum aussieht.
Danach gehen wir hinein. Also: Wenn Sie das Gebäude betreten,
kommen Sie in einen kleinen Flur.
Von dort können sie nach links gehen und gelangen so in das gelbe Zimmer.
Hier stehen einige kleinere Figuren aus Gold.
Wenn Sie das Zimmer durch die Tür hinten rechts verlassen,
kommen Sie in das grüne Zimmer.
Hier befinden sich sehr alte Bücher.
Wenn Sie geradeaus weitergehen, erreichen Sie das blaue Zimmer,
in dem sehr wertvolle Bilder hängen. Dort gelangen Sie durch die rechte Tür in das
rote Zimmer. Hier sehen Sie alte Münzen und Geldstücke.
Vom roten Zimmer gelangen Sie in das bunte Zimmer,
in dem sich Kunstwerke von vielen Künstlern befinden.
Dieses Zimmer können Sie verlassen, wenn Sie in den Flur gehen."
Nun betreten die beiden das Museum.
Sein Notizheft hält der Detektiv in der Hand,
um sich einen Plan von dem Gebäude malen zu können.

 Aufgabe
Hilf Dieter Durchblick dabei, sich einen Plan zum Museum zu zeichnen.
Male auf dem Grundriss die Zimmer in der richtigen Farbe an.
Zeichne dann die Gegenstände in die richtigen Zimmer.

 Detektivtipp
Unterstreiche im Text die wichtigen Stellen in verschiedenen Farben.
Wenn es um das gelbe Zimmer geht, nimm dir einen gelben Stift
und unterstreiche „nach links gehen", „gelbes Zimmer" und
„kleinere Figuren aus Gold".
Mache es mit den anderen Zimmern und Farben genauso.

Angst im Museum

 Nachdem Detektiv Durchblick sich gründlich im Museum umgesehen hat,
hat er eine Idee:
„Ich denke, der Täter ist durch das Fenster im roten Zimmer eingebrochen.
Dort liegen nämlich Scherben auf dem Boden.
Das heißt, er hat die Fensterscheibe von außen eingeschlagen.
Außerdem sind hier Fußabdrücke zu sehen."
Der Polizist antwortet: „Im roten Zimmer befindet sich die Alarmanlage.
Die konnte er da ausstellen. Danach ist er in das blaue Zimmer geschlichen.
Dort hat er dann das Bild von der Mona Lisa von der Wand abgenommen.
Und dann ist er durch das kaputte Fenster im roten Zimmer wieder entwischt."
„Nein, das kann nicht sein!", behauptet Detektiv Durchblick.
„Nachdem er das Bild abgenommen hat, ist er ins grüne Zimmer gegangen.
Dort hat er das Buch aus dem Glasschrank genommen.
Danach ist er durch das gelbe Zimmer gelaufen
und hat sich einige der kleinen Goldfiguren eingesteckt.
Und danach ist er einfach durch die Eingangstür herausspaziert!"
„Ach so, deswegen stand dann wohl auch die Tür auf,
als die Nachtwachen den Diebstahl bemerkt haben", überlegt der Polizist.
„Ganz genau!", erwidert Detektiv Durchblick
und malt sich den Weg des Diebes in sein Notizheft.

 Aufgabe
Finde auch du heraus, welchen Weg der Täter durch das Museum gelaufen ist.
Lies genau und male den Weg dann in den Grundriss des Museums von Aufgabe 2
ein.

 Detektivtipp
1. Unterstreiche im Text, welchen Weg der Täter gegangen ist.
2. Achtung! An einigen Stellen sind sich Dieter Durchblick
   und der Polizist zuerst auch nicht ganz sicher …

Angst im Museum

 „So!", sagt Detektiv Durchblick, „Jetzt müssen wir herausfinden,
wann der Einbruch genau passiert ist."
„Ich habe schon verschiedene Personen gefragt, ob sie etwas gesehen haben.
Und einige haben tatsächlich etwas bemerkt", erwidert der Polizist.
„Sehr gut! Und? Was haben diese Zeugen gesehen?", fragt Herr Durchblick neugierig.
„Also: Ein Fußgänger, der noch spät mit seinem Hund spazieren gegangen ist,
hat um etwa 01:12 Uhr einen Taschenlampenschein im grünen Zimmer gesehen.
Wahrscheinlich hat der Dieb da gerade das alte Buch geklaut.
Die Alarmanlage im roten Zimmer wurde um 00:40 Uhr ausgestellt.
Also muss der Täter hier kurz vorher das Fenster eingeschlagen haben.
Wahrscheinlich um 00:35 Uhr. Um 01:30 Uhr hat der Wachmann bemerkt,
dass die Eingangstür offen stand. Kurz nachdem die Alarmanlage ausgestellt war,
muss der Täter das Bild im blauen Zimmer abgehängt haben.
Wahrscheinlich gegen 00:50 Uhr.
Der Wachhund hat um 01:20 Uhr im gelben Zimmer geknurrt,
aber der Wachmann hat sich nichts dabei gedacht.
Bestimmt hat der Dieb da die Goldfiguren eingesteckt."
Detektiv Durchblick kratzt sich am Kopf: „Die Zeiten sind ja völlig durcheinander
geraten. Ordnen Sie die Zeitangaben in der richtigen Reihenfolge,
dann können wir den Ablauf der Tat genau herausfinden!"

 Aufgabe
Hilf dem Polizisten, die Zeitangaben zu ordnen.
Nimm dir dazu den Grundriss des Museums.
Trage nun jede Zeit in das Zimmer ein, zu dem der Dieb dort war.
Schreibe dann dazu, was er dort gemacht hat.

 Detektivtipp
1. Unterstreiche die Uhrzeiten.
2. Lies dann genau nach, was der Täter zu dieser Zeit
   gemacht hat und unterstreiche es.

Angst im Museum

 „Machen wir uns auf die Suche nach dem Täter!",
sagt Detektiv Durchblick.
„Wir befragen einfach alle Zeugen noch einmal.
Vielleicht kann irgendjemand den Täter beschreiben.
Dann finden wir ihn bestimmt!"
Nachdem alle Zeugen erneut befragt wurden,
fasst der Polizist die Beschreibungen des Einbrechers zusammen:
„Also: Alle Zeugen haben gesagt, dass der Täter ein Mann ist.
Er trug eine dunkle Brille. Der Mann war mittelgroß und hatte etwas in der Hand.
Das muss die Beute gewesen sein. Zwei Zeugen erinnern sich daran,
dass der Einbrecher einen gestreiften Pullover getragen hat.
Der Spaziergänger hat gesehen, dass der Dieb eine Taschenlampe
bei sich trug und sehr viele Muskeln hatte."
Detektiv Durchblick sagt: „Dann wollen wir doch mal sehen,
ob der Kerl der Polizei schon bekannt ist.
Wir müssen die Fotos der Verbrecher durchsehen!"
Schnell machen sich die beiden auf den Weg zur Polizeiwache,
um sich die Bilder ansehen zu können.
„Das ist er!", ruft Dieter Durchblick schon nach kurzer Zeit.
„Los, geben Sie sofort eine Fahndung nach dem Täter heraus!"
Gesagt, getan. Und schon drei Stunden später können der Detektiv und der Polizist
den Verbrecher hinter Gitter bringen.

 Aufgabe
Wie hat Dieter Durchblick so schnell erkannt, wer der Täter ist?
Kreise den richtigen Verbrecher ein und begründe schriftlich,
warum nur er es gewesen sein kann.

 Detektivtipp
Unterstreiche die
Stellen im Text,
die etwas über das
Aussehen des Täters
verraten.

Nachts in der Ganovenstraße

Der Mond scheint in dieser Nacht nicht sehr hell.
In der Ganovenstraße herrscht eine gruselige Stimmung.
Karlchen lässt sich so leicht keine Angst machen.
Er muss mit seinem Hund Schurke wie jede Nacht einmal die Straße auf und ab gehen.
Schurke erledigt dann sein Geschäft.
Unterwegs sieht Karlchen einen Taschenlampenschein in Haus Nr. 13.
Sein Hund Schurke knurrt leise und bleibt stehen.
Karlchen beruhigt ihn: „Das ist nur die alte Frau Schusslig.
Die findet bestimmt den Lichtschalter nicht."
Vor Haus Nr. 28 spürt Karlchen einen heftigen Schlag auf seinem Kopf.
Danach fällt er auf den Bürgersteig.
Er hört noch, wie sich klappernde Schritte von ihm entfernen.
Dann wird ihm schwarz vor Augen.
Schurke bellt so laut, dass alle Bewohner aus Haus Nr. 28 wach werden.
Es dauert nicht lange, bis ein Rettungswagen Karlchen ins Krankenhaus bringt.
Detektiv Erwin Ehrlich beginnt zu ermitteln.
„Wo fange ich am besten an?", flüstert er nachdenklich.

 Aufgabe
Hilf Detektiv Erwin Ehrlich mit seiner Arbeit zu beginnen.
Male für ihn ein Bild, auf dem das wichtigste Ereignis aus der Ganovenstraße von diesem Abend zu sehen ist.

 Detektivtipp
1. Überlege dir, was Karlchen und Schurke gesehen oder gehört haben.
   Was könnte daran verdächtig gewesen sein?
2. Wo ist vielleicht etwas passiert?

Nachts in der Ganovenstraße

Detektiv Erwin Ehrlich befragt die Bewohner aus Haus Nr. 28.
Schnell findet er heraus, dass Karlchen jeden Abend
mit seinem Hund Schurke spazieren geht.
Deswegen geht er die Strecke einmal selbst ab.
„Hm", überlegt Erwin Ehrlich, „ich muss die Nachbarn befragen."
Er beginnt mit Haus Nr. 11. Doch dort öffnet ihm niemand die Tür.
Also versucht er es bei Haus Nr. 13. Hier hat er mehr Glück.
Frau Schusslig lässt ihn in ihre Wohnung.
„Gut, dass sie kommen!", jammert sie.
„Bei mir wurde heute Nacht eingebrochen! Mein gesamter Schmuck wurde gestohlen.
Und mein Sparstrumpf ist auch weg!"
„Wissen Sie um wie viel Uhr das war?", möchte der Detektiv wissen.
„Ich ermittle gerade wegen Karlchen. Er ist letzte Nacht niedergeschlagen worden."
„Was? Hoffentlich ist ihm nichts passiert?
Er geht jeden Abend mit seinem Hund hier vor dem Haus vorbei.
Zu der Zeit muss der Einbruch ungefähr gewesen sein.
Kurz darauf musste ich nämlich dringend aufs Klöchen.
Und da war hier schon alles verwüstet!"

Aufgabe
Kreise alle Wörter ein, die zu den Ereignissen in der Ganovenstraße passen.

Detektivtipp
Wenn du dir nicht sicher bist, lies noch einmal im Text von Aufgabe 1 und 2 nach.

Nachts in der Ganovenstraße

 Detektiv Erwin Ehrlich vermutet,
dass der Einbruch und der Überfall auf Karlchen etwas miteinander zu tun haben.
Der Detektiv denkt nach. Dann befragt er Frau Schusslig weiter:
„Ist der Täter durch die Tür oder durch ein Fenster in Ihre Wohnung gekommen?"
„Durch die Tür. Das Schloss ist jetzt etwas kaputt", antwortet Frau Schusslig.
Erwin Ehrlich fragt: „Haben Sie bemerkt,
dass jemand im Treppenhaus herumgelaufen ist?"
Frau Schusslig sagt: „Ja! Ich habe klappernde Schritte im Treppenhaus gehört.
Die Haustür unten knarrt auch etwas. Die habe ich bemerkt,
als ich aufs Klöchen gegangen bin.
Etwa 10 Minuten später waren die klappernden Schritte wieder da.
Sie sind nach oben verschwunden."
„Das würde ja bedeuten, dass jemand aus diesem Haus bei Ihnen eingebrochen hat!
Wie viele Leute haben eine Wohnung hier?", überlegt der Detektiv.
„Über mir sind noch drei andere Wohnungen", antwortet Frau Schusslig.

 Aufgabe
Kreuze die falschen Sätze an.
Schreibe dann auf, woher Erwin Ehrlich weiß,
dass jemand aus dem Haus bei Frau Schusslig eingebrochen hat.

 Detektivtipp
Lies den Text noch einmal genau.
Achte darauf, was Frau Schusslig gehört hat. Das verrät den Täter!

- ☐ Der Einbruch bei Frau Schusslig und der Überfall auf Karlchen haben etwas miteinander zu tun.
- ☐ Frau Schusslig wurde niedergeschlagen.
- ☐ Ein Mann aus einem anderen Haus hat bei Frau Schusslig eingebrochen.
- ☐ Die Haustür von Haus Nr. 13 knallt immer laut zu.
- ☐ Frau Schusslig hat klirrende Schritte im Treppenhaus gehört.
- ☐ Der Täter muss die Treppe hinaufgelaufen sein.

Nachts in der Ganovenstraße

 Erwin Ehrlich macht sich auf den Weg zu den anderen drei Wohnungen.
Der Detektiv überlegt sich genau, welche Fragen er stellen will.
Dann klingelt er nacheinander an allen drei Türen.
Die drei Bewohner geben diese Antworten:

Gunter Gauner: „Ich war den ganzen Abend in meiner Wohnung.
Ich habe mir einen spannenden Film angesehen.
Danach bin ich ins Bett gegangen. Dort habe ich noch etwas gelesen.
Eingeschlafen bin ich so um 23:30 Uhr."

Rudi Räuber: „Ich war gestern Abend noch gar nicht wieder hier.
Meine Verlobte und ich waren im Urlaub.
Wir sind erst heute Nacht um 04:00 Uhr wieder gelandet.
Deswegen bin ich auch erst so um 06:00 Uhr eingeschlafen."

Dieter Dieb: „Ich war gestern Abend mit einem Freund im Theater.
Danach haben wir noch etwas getrunken.
Ungefähr um 22:30 Uhr war ich wieder hier. Da war bei Frau Schusslig alles dunkel.
Aber nur weil ich um kurz vor 12:00 Uhr noch einmal im Treppenhaus war,
habe ich noch lange keinen Schmuck geklaut!"

 Aufgabe

1. Überlege, welche Fragen Erwin Ehrlich den drei Männern gestellt haben könnte.
   Schreibe sie auf.
   Unterstreiche, welche Fragen bei allen gleich gewesen sein könnten.
2. Vermute, welcher der drei Männer den Einbruch begangen hat.
   Begründe deine Meinung und schreibe sie auf.

 Detektivtipp

1. Sieh dir die Antworten der drei Männer genau an.
   Was verraten sie dem Detektiv über sich?
   Genau danach hat er gefragt!
2. Überlege, was die Männer über den Einbruch wissen können.
   Bestimmte Dinge kann nur der Täter selbst wissen!

Nachts in der Ganovenstraße

Erwin Ehrlich weiß jetzt, welcher der drei Männer
den Einbruch begangen hat.
Also hat dieser Mann auch Karlchen niedergeschlagen.
Der Detektiv ruft die Polizei und lässt den Ganoven verhaften.
Dann sagt er: „Ich gehe ins Krankenhaus zu Karlchen,
damit ich ihm erzählen kann, wer ihn niedergeschlagen hat.
Und von dem Einbruch bei Frau Schusslig weiß er ja auch noch nichts!"
Erwin Ehrlich braust mit seinem Roller ins Krankenhaus.
Karlchen hat einen riesigen Verband um seinen Kopf. Er liegt im Bett.
„Hallo Karlchen", begrüßt ihn der Detektiv.
„Stell dir vor, ich habe den Ganoven verhaften lassen,
der dich niedergeschlagen hat.
Er hat auch bei Frau Schusslig eingebrochen."
„Wirklich?", staunt Karlchen. „Wer war es denn? Kenne ich ihn?"
„Ich denke schon, dass du ihn kennst", antwortet Erwin Ehrlich.

„Es ist _____. Er hat sich verraten, weil …

Aufgabe
Wodurch hat sich der Ganove verraten?
Unterstreiche die Antworten im Text von Aufgabe 4.
Schreibe den Namen des Ganoven dann in die Lücke und beende den Satz.

Detektivtipp
1. Lies dir noch einmal die Antworten der drei Männer von Aufgabe 4 durch.
2. Unterstreiche, womit sich der Täter verraten hat.

Nachts in der Ganovenstraße

Der Mond scheint in dieser Nacht nicht sehr hell.
Und auch die Straßenlaternen sehen so aus,
als ob ihnen jemand etwas von ihrem Schein gestohlen hätte.
In der Ganovenstraße herrscht eine gruselige Stimmung.
Karlchen lässt sich davon so leicht keine Angst machen.
Schließlich muss er mit seinem Hund Schurke wie jede Nacht
einmal die Straße auf und ab gehen, damit Schurke sein Geschäft erledigen kann.
Unterwegs sieht Karlchen einen Taschenlampenschein in Haus Nr. 13.
Sein Hund Schurke knurrt leise und bleibt stehen.
„Komm weiter!", beruhigt Karlchen ihn, „Das ist nur die alte Frau Schusslig,
die findet bestimmt mal wieder den Lichtschalter nicht."
Als die beiden zum Haus Nr. 28 zurückgehen wollen, passiert es:
Karlchen spürt einen heftigen Schlag auf seinem Kopf und fällt auf den Bürgersteig.
Er hört noch, wie sich klappernde Schritte von ihm entfernen,
dann wird ihm schwarz vor Augen. Schurke bellt so laut,
dass alle Bewohner aus Haus Nr. 28 wach werden und die Fenster öffnen.
Es dauert nicht lange, bis der gerufene Rettungswagen
Karlchen ins Krankenhaus bringt. Detektiv Erwin Ehrlich,
den ein besorgter Nachbar gerufen hat, beginnt zu ermitteln.
„Wo fange ich am besten an?", flüstert er nachdenklich vor sich hin.

 Aufgabe
Hilf Detektiv Erwin Ehrlich mit seiner Arbeit zu beginnen.
Male für ihn ein Bild, auf dem das wichtigste Ereignis aus der Ganovenstraße
von diesem Abend zu sehen ist.

 Detektivtipp
1. Überlege dir, was Karlchen und Schurke gesehen oder gehört haben.
   Was könnte daran verdächtig gewesen sein?
2. Wo ist vielleicht etwas passiert?

Nachts in der Ganovenstraße

 Detektiv Erwin Ehrlich befragt die Bewohner aus Haus Nr. 28.
Schnell findet er heraus, dass Karlchen jeden Abend
mit seinem Hund Schurke spazieren geht. Der Detektiv weiß auch schon,
wo die beiden ihren Spaziergang machen.
Deswegen geht er die Strecke einmal selbst ab.
„Hm", überlegt Erwin Ehrlich, „ich muss die Nachbarn befragen.
Vielleicht ist ihnen ja letzte Nacht etwas aufgefallen!"
Er beginnt mit Haus Nr. 11. Doch dort öffnet ihm niemand die Tür.
Also versucht er es bei Haus Nr. 13. Hier hat er mehr Glück.
Eine alte Dame, Frau Schusslig, lässt ihn in ihre Wohnung.
„Gut, dass sie kommen!", jammert sie.
„Bei mir wurde heute Nacht eingebrochen! Mein gesamter Schmuck wurde gestohlen.
Und mein Sparstrumpf ist auch weg!"
„Haben Sie eine Ahnung, um wie viel Uhr das gewesen sein könnte?",
möchte der Detektiv wissen. „Ich ermittle gerade wegen Karlchen.
Er ist letzte Nacht niedergeschlagen worden."
„Was? Der liebe Junge! Hoffentlich ist ihm nichts passiert?
Er geht jeden Abend mit seinem Hund hier vor dem Haus vorbei.
Zu der Zeit muss der Einbruch ungefähr gewesen sein.
Kurz darauf musste ich nämlich dringend aufs Klöchen.
Und da war hier schon alles verwüstet!"

 Aufgabe
Kreise alle Wörter ein, die zu den Ereignissen in der Ganovenstraße passen.

 Detektivtipp: Wenn du dir nicht sicher bist, lies noch einmal im Text von Aufgabe 1 und 2 nach.

Nachts in der Ganovenstraße

 Detektiv Erwin Ehrlich vermutet, dass der Einbruch bei Frau Schusslig
und der Überfall auf Karlchen zusammenhängen.
„Vielleicht hat der Täter Angst gehabt, dass Karlchen ihn beobachtet hat.
Das würde heißen, dass Karlchen den Täter kennen muss."
Der Detektiv denkt nach. Dann befragt er Frau Schusslig weiter:
„Ist der Täter durch die Tür oder durch ein Fenster in Ihre Wohnung gekommen?"
„Durch die Tür, meine Fenster sind alle in Ordnung.
Aber das Schloss an der Tür ist jetzt etwas kaputt", antwortet Frau Schusslig.
Erwin Ehrlich fragt: „Haben Sie bemerkt,
dass jemand im Treppenhaus herumgelaufen ist?"
Frau Schusslig erwidert: „Ja! Ich habe klappernde Schritte im Treppenhaus gehört.
Die Haustür unten knarrt auch etwas.
Die habe ich gehört, als ich aufs Klöchen gegangen bin.
Und etwa 10 Minuten später waren auch die klappernden Schritte wieder da und sind
nach oben verschwunden."
„Das würde ja bedeuten, dass jemand aus diesem Haus bei Ihnen eingebrochen hat!
Wie viele Leute haben denn noch eine Wohnung hier?", überlegt der Detektiv.
„Über mir sind noch drei andere Wohnungen", antwortet Frau Schusslig.

Aufgabe
Kreuze die falschen Sätze an.
Schreibe dann auf, woher Erwin Ehrlich weiß,
dass jemand aus dem Haus bei Frau Schusslig eingebrochen haben muss.

Detektivtipp
Lies den Text noch einmal genau.
Achte darauf, was Frau Schusslig gehört hat. Das verrät den Täter!

- [ ] Der Einbruch bei Frau Schusslig und der Überfall auf Karlchen haben etwas miteinander zu tun.
- [ ] Frau Schusslig wurde niedergeschlagen.
- [ ] Ein Mann aus einem anderen Haus hat bei Frau Schusslig eingebrochen.
- [ ] Erwin Ehrlich muss dringend zu Karlchen ins Krankenhaus.
- [ ] Die Haustür von Haus Nr. 13 knallt immer laut zu.
- [ ] Frau Schusslig hat klirrende Schritte im Treppenhaus gehört.
- [ ] Der Täter muss die Treppe hinaufgelaufen sein.

Nachts in der Ganovenstraße

 Erwin Ehrlich macht sich auf den Weg
zu den anderen drei Wohnungen von Haus Nr. 13.
Der Detektiv überlegt sich genau, welche Fragen er den drei Männern stellen will.
Dann schellt er nacheinander an allen drei Türen.
Die drei Bewohner geben folgende Antworten:

Gunter Gauner: „Ich war den ganzen Abend in meiner Wohnung.
Etwas Besonderes gemacht habe ich nicht.
Ach doch, ich habe mir einen spannenden Film angesehen.
Danach bin ich ins Bett gegangen und habe noch etwas gelesen.
Eingeschlafen bin ich wahrscheinlich so um 23:30 Uhr.
Also kurz bevor Karlchen mit Schurke seine Runde dreht."

Rudi Räuber: „Ich war gestern Abend noch gar nicht wieder hier.
Sie müssen wissen, dass ich mit meiner Verlobten im Urlaub war.
Wir sind erst heute Nacht um 04:00 Uhr wieder gelandet
und dann vom Flughafen zur Wohnung meiner Verlobten gefahren.
Deswegen bin ich auch erst so um 06:00 Uhr eingeschlafen. Karlchen? Kenne ich nicht."

Dieter Dieb: „Ich war gestern Abend mit einem Freund im Theater.
Danach haben wir noch etwas getrunken.
Ungefähr um 22:30 Uhr muss ich wieder hier gewesen sein.
Da war bei Frau Schusslig alles dunkel.
Aber nur weil ich um kurz vor 12:00 Uhr noch einmal im Treppenhaus war,
habe ich noch lange keinen Schmuck geklaut!"

Nachts in der Ganovenstraße

Aufgabe

1. Überlege, welche Fragen Erwin Ehrlich den drei Männern gestellt haben könnte. Schreibe sie auf.
   Unterstreiche, welche Fragen bei allen gleich gewesen sein könnten.
2. Vermute, welcher der drei Männer den Einbruch begangen hat.
   Begründe deine Meinung und schreibe sie auf.

Detektivtipp

1. Sieh dir die Antworten der drei Männer genau an.
   Was verraten sie dem Detektiv über sich?
   Genau danach hat er gefragt!
2. Überlege, was die Männer über den Einbruch wissen können.
   Bestimmte Dinge kann nur der Täter selbst wissen!

Nachts in der Ganovenstraße

 Erwin Ehrlich ist sich jetzt sicher,
welcher der drei Männer den Einbruch begangen hat.
Also hat dieser Mann auch Karlchen niedergeschlagen.
Er ruft die Polizei und lässt den Ganoven verhaften.
„Dieser Straßenname scheint seinen Bewohnern nicht gut zu tun",
seufzt der Detektiv. „Aber jetzt gehe ich schnell ins Krankenhaus zu Karlchen,
damit ich ihm erzählen kann, wer ihn niedergeschlagen hat.
Und von dem Einbruch bei Frau Schusslig weiß er ja auch noch nichts!"
Gesagt, getan. Erwin Ehrlich braust mit seinem Roller ins Krankenhaus.
Karlchen hat einen riesigen Verband um seinen Kopf
und liegt – immer noch etwas blass um die Nase – im Bett.
„Hallo Karlchen", begrüßt ihn der Detektiv.
„Stell dir vor, ich habe den Ganoven verhaften lassen,
der dich niedergeschlagen hat. Genau derselbe Mann
hat auch noch bei Frau Schusslig eingebrochen.
Und stell dir vor, er wohnt sogar im gleichen Haus wie sie!"
„Wirklich?", staunt Karlchen mit großen Augen.
„Wer war es denn? Kenne ich ihn?"
„Ich denke schon, dass du ihn kennst", antwortet Erwin Ehrlich.

„Es ist _____. Er hat sich verraten, weil … _____

_____

 Aufgabe
Wodurch hat sich der Ganove verraten?
Unterstreiche die Antworten im Text von Aufgabe 4.
Schreibe den Namen des Ganoven in die Lücke und beende den Satz.

 Detektivtipp
Lies dir noch einmal die Antworten der drei Männer
von Aufgabe 4 durch.
Unterstreiche, womit sich der Täter verraten hat.

Grundriss des Museums

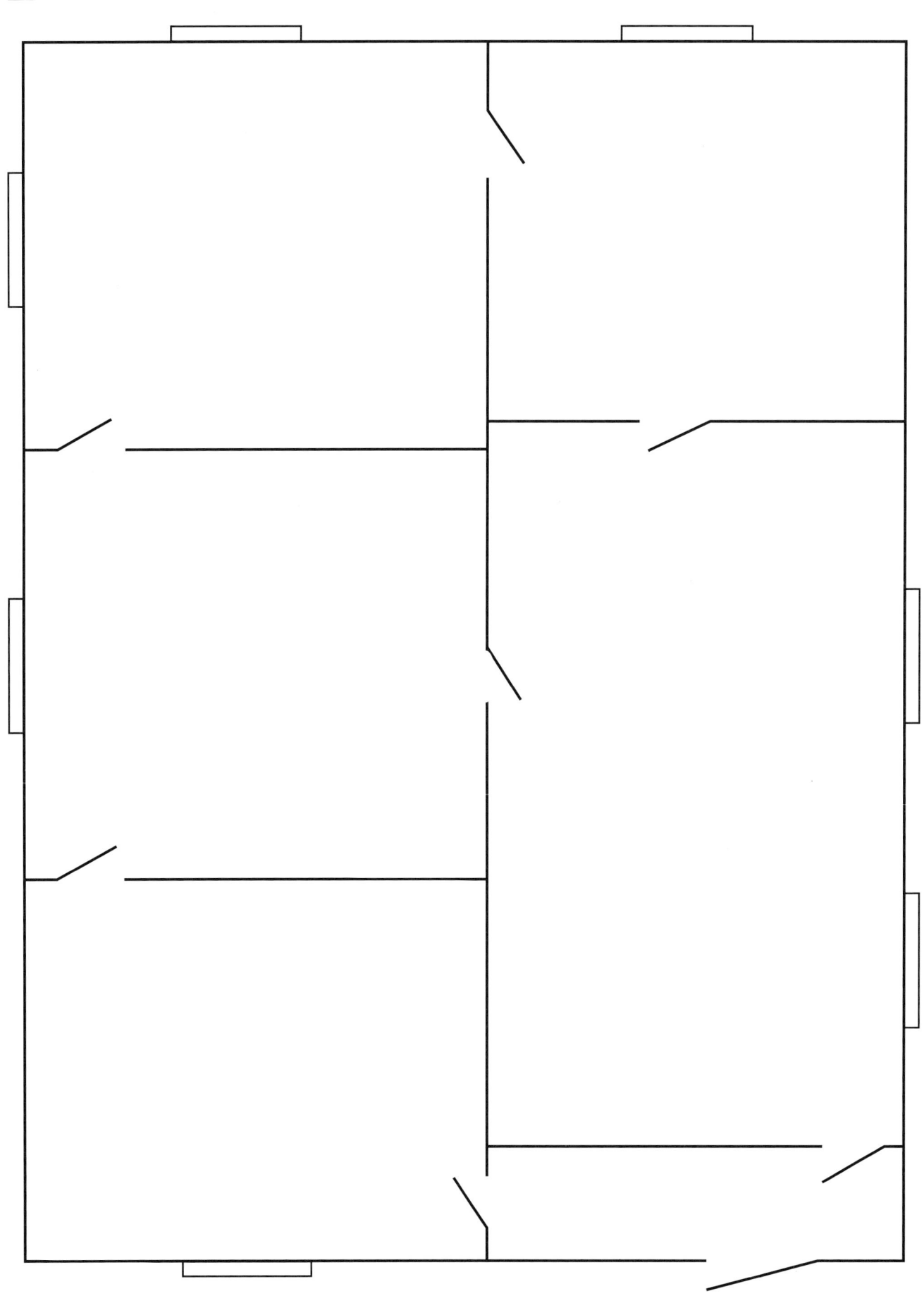

Detektivarbeit – so geht's

So kannst du eine gute Spürnase werden:

1. Es gibt 6 Fälle, die du lösen sollst. Bearbeite die Fälle der Reihe nach.
   Bei jedem Fall kommt es darauf an, dass du genau liest und gut aufpasst.
   Nur mit deiner Hilfe kann der Täter überführt werden!

2. Wenn du eine Aufgabe beendet hast, kannst du sie meistens selbst kontrollieren.
   Vergleiche deine Ergebnisse mit der Kontrollkarte.
   Es ist nicht schlimm, wenn du einen Fehler gemacht hast.
   Wichtig ist aber, dass du ihn dann selbst verbesserst.

3. Nach jeder Aufgabe musst du auf dem Zettel *„Arbeitsplan für Detektive"* ankreuzen,
   welche Aufgabe du erledigt hast.
   Dann lässt du deine Lehrerin oder deinen Lehrer kontrollieren und unterschreiben.

4. Bei den einzelnen Aufgaben findest du immer wieder Zeichen.
   Hier kannst du nachschauen, was sie bedeuten:

   - Diese Aufgaben sind für Kinder, denen das Lesen noch nicht immer leicht fällt.
   - Kinder, die schon sicherer im Lesen sind, können diese Aufgaben bearbeiten.
   - Hier sollst du etwas lesen.
   - Du sollst etwas schreiben, malen oder ankreuzen.
   - Kontrolliere deine Aufgabe mit der Kontrollkarte.
   - Du bekommst einen Tipp, wie du am besten vorgehen solltest.

5. Und zum Schluss noch ganz wichtig:
   Alle Materialien, die du benutzt hast, bringst du bitte wieder an ihren Platz zurück!

Detektivausweis

Detektivausweis

Foto

Nachname: _____

Vorname: _____

geboren am: _____

Klasse: _____

Fingerabdruck

Deckname: _____

Detektivausweis

Foto

Nachname: _____

Vorname: _____

geboren am: _____

Klasse: _____

Fingerabdruck

Deckname: _____

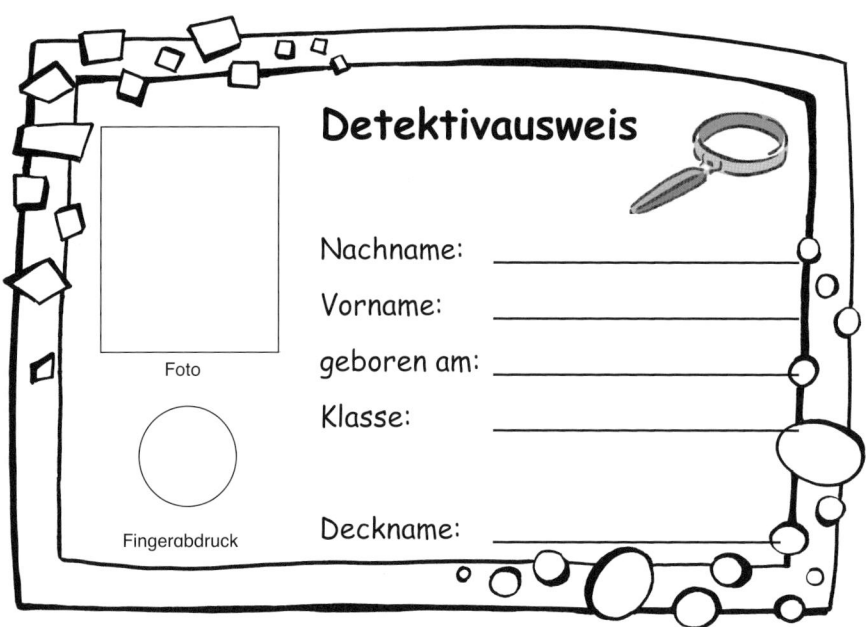

Arbeitsplan für Detektive

Name: _____

Deckname: _____

Fall 1: Wo ist Bodo Bösewicht?

	Aufgabe 1	Aufgabe 2	Aufgabe 3	Aufgabe 4	Aufgabe 5
Ich					
Lehrer/-in					

Stempel für den erfolgreich gelösten Fall:

Fall 2: Alarm im Zirkus Potzblitz

	Aufgabe 1	Aufgabe 2	Aufgabe 3	Aufgabe 4	Aufgabe 5
Ich					
Lehrer/-in					

Stempel für den erfolgreich gelösten Fall:

Fall 3: Der blauäugige Bandit

	Aufgabe 1	Aufgabe 2	Aufgabe 3	Aufgabe 4	Aufgabe 5
Ich					
Lehrer/-in					

Stempel für den erfolgreich gelösten Fall:

Fall 4: Raub im Kaufhaus

	Aufgabe 1	Aufgabe 2	Aufgabe 3	Aufgabe 4	Aufgabe 5
Ich					
Lehrer/-in					

Stempel für den erfolgreich gelösten Fall:

Fall 5: Angst im Museum

	Aufgabe 1	Aufgabe 2	Aufgabe 3	Aufgabe 4	Aufgabe 5
Ich					
Lehrer/-in					

Stempel für den erfolgreich gelösten Fall:

Fall 6: Nachts in der Ganovenstraße

	Aufgabe 1	Aufgabe 2	Aufgabe 3	Aufgabe 4	Aufgabe 5
Ich					
Lehrer/-in					

Stempel für den erfolgreich gelösten Fall:

Urkunde für die Lösung der Kriminalfälle

Urkunde für den Meisterdetektiv

Urkunde

für den Meisterdetektiv

_____

Du hast alle 6 Fälle
erfolgreich gelöst!

Danke für deine Hilfe
bei der Verbrecherjagd!

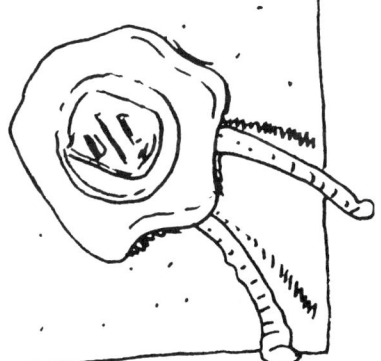

Lösungen

Wo ist Bodo Bösewicht? Aufgabe 2

Der|Gauner|Bodo|Bösewicht|wurde|in|der|Stadt|gesehen.
Einige|Personen|haben|gesagt,|dass|er|alleine|in|einer|Wohnung|lebt.
Die|Wohnung|ist|in|der|Schurkenstraße|fünfundzwanzig.
Der|Verbrecher|hat|seinen|Vollbart|abrasiert.
Seine|Haare|sind|noch|braun|und|lang.

Wo ist Bodo Bösewicht? Aufgabe 3

- ☒ braune Haare
- ☒ groß
- ☐ schwarze Haare
- ☐ wohnt mit einem Mann und einer Frau zusammen
- ☐ Vollbart
- ☒ Sonnenbrille
- ☒ karierte Hose
- ☐ hat einen Hund

Lösungen

Wo ist Bodo Bösewicht? — Aufgabe 4a

Mögliche Lösung:

	Das hat Albert Allesfinder herausgefunden:
Wohnung 1	Die alte Dame aus Wohnung 1 redet sehr wenig. Sie kann auch nicht viel sehen, weil ihr Kopf weit heruntergebeugt ist.
Wohnung 2	In dieser Wohnung lebt ein Ehepaar. Es verspricht, alles Verdächtige zu erzählen. Die Kinder sollen nämlich nicht mit bösen Menschen unter einem Dach leben.
Wohnung 3	Hier lebt ein Mann mit langen blonden Haaren. Er ist freundlich, aber nervös. Angezogen ist er nur mit einer Unterhose und einem Pullover. In seinem Flur liegt eine Sonnenbrille.

Wo ist Bodo Bösewicht? — Aufgabe 4b

Bodo Bösewicht wohnt in **Wohnung 1**, weil …
- ☐ … Verbrecher immer in Wohnung 1 wohnen.
- ☐ … die Oma verkleidet ist.
- ☐ … die Oma eine Sonnenbrille hat.
- ☐ … _____

Bodo Bösewicht wohnt in **Wohnung 2**, weil …
- ☐ … ihm die Wohnung so gut gefällt.
- ☐ … hier ein Ehepaar lebt.
- ☐ … er mit seiner Frau und seinen Kindern hier lebt.
- ☐ … _____

Bodo Bösewicht wohnt in **Wohnung 3**, weil …
- ☒ … der Mann lange Haare hat.
- ☒ … er seine karierte Hose schnell ausgezogen hat.
- ☒ … im Flur der Wohnung eine Sonnenbrille liegt.
- ☒ … Der Mann ist verdächtig, weil er eine karierte Hose und eine Sonnenbrille hat. Außerdem könnte er seine Haare gefärbt haben und er wirkt nervös.

Lösungen

Wo ist Bodo Bösewicht? — Aufgabe 2

Der|Gauner|Bodo|Bösewicht|wurde|von|mehreren|Personen|in|der|Stadt|gesehen.
Vier|von|diesen|Personen|haben|gesagt,|dass|er|alleine|in|einer|kleinen|Wohnung|lebt.
Die|Wohnung|ist|wahrscheinlich|in|der|Schurkenstraße|fünfundzwanzig.
Der|Verbrecher|hat|seinen|Vollbart|scheinbar|wieder|abrasiert.
Bestimmt,|weil|er|die|Bilder|von|sich|überall|gesehen|hat.
Seine|Haare|sind|immer|noch|dunkelbraun|und|schulterlang,|meistens|trägt|er|einen|Zopf.

Wo ist Bodo Bösewicht? — Aufgabe 3

- ☒ braune Haare
- ☐ gestreifte Hose
- ☒ groß
- ☐ schwarze Haare
- ☐ wohnt mit einem Mann und einer Frau zusammen
- ☐ Vollbart
- ☒ Sonnenbrille
- ☒ karierte Hose
- ☐ hat einen Hund
- ☐ kaut immer Kaugummi

Lösungen

Wo ist Bodo Bösewicht? — Aufgabe 4a

Mögliche Lösung:

	Das hat Albert Allesfinder herausgefunden:
Wohnung 1	Die alte Dame aus Wohnung 1 redet sehr wenig. Sie kann auch nicht viel sehen, weil ihr Kopf weit heruntergebeugt ist.
Wohnung 2	Dort lebt ein junger Mann. Er ist erst gestern eingezogen und noch ganz müde. Das Klingeln an der Tür hat ihn geweckt.
Wohnung 3	Hier lebt ein Mann mit langen, blonden Haaren. Er ist freundlich, wirkt aber nervös. Angezogen ist er nur mit einer Unterhose und einem Pullover. In seinem Flur liegt eine Sonnenbrille.
Wohnung 4	In dieser Wohnung lebt ein Ehepaar. Es verspricht, alles Verdächtige zu erzählen. Die Kinder sollen nämlich nicht mit bösen Menschen unter einem Dach leben.

Wo ist Bodo Bösewicht? — Aufgabe 4b

Bodo Bösewicht wohnt in Wohnung 1, weil …
- ☐ … Verbrecher immer in Wohnung 1 wohnen.
- ☐ … die Oma verkleidet ist.
- ☐ … die Oma eine Sonnenbrille hat.
- ☐ … _____

Bodo Bösewicht wohnt in Wohnung 2, weil …
- ☐ … hier ein Mann wohnt.
- ☐ … der junge Mann bestimmt nicht geschlafen hat.
- ☐ … der Mann noch nicht lange in der Wohnung lebt.
- ☐ … _____

Bodo Bösewicht wohnt in Wohnung 3, weil …
- ☐ … der Mann lange Haare hat.
- ☒ … er seine karierte Hose schnell ausgezogen hat.
- ☒ … im Flur der Wohnung eine Sonnenbrille liegt.
- ☒ … Der Mann ist verdächtig, weil er eine karierte Hose und eine Sonnenbrille hat. Außerdem könnte er seine Haare gefärbt haben und er wirkt nervös.

Bodo Bösewicht wohnt in Wohnung 4, weil …
- ☐ … ihm die Wohnung so gut gefällt.
- ☐ … hier ein Ehepaar lebt.
- ☐ … er mit seiner Frau und seinen Kindern gestern in die Wohnung gezogen ist.
- ☐ … _____

Anna Schrewe: Dem Täter lesend auf der Spur
© Persen Verlag

Lösungen

Alarm im Zirkus Potzblitz — Aufgabe 1

Alarm im Zirkus Potzblitz — Aufgabe 2

- [x] Die Zirkusvorstellung beginnt mit einem Lied.
- [ ] Lara Langfinger und Gabriele Gebnichtsab nähern sich leise der Zirkuskasse.
- [ ] Gabriele ist eine große Frau.
- [x] Die kleine Gabriele öffnet die Kasse mit einem Brecheisen.
- [ ] Geldscheine sind die Beute der beiden Frauen.
- [x] Der Zirkusdirektor entdeckt den Diebstahl.
- [ ] Manfred Mantel sagt dem Direktor, dass kein Zuschauer das Zelt verlassen soll.

Lösungen

Alarm im Zirkus Potzblitz — Aufgabe 3a

Alarm im Zirkus Potzblitz — Aufgabe 4

☐ „Ich war während der Vorstellung die ganze Zeit im Zelt. Wenn sie mir nicht glauben, kann ich Ihnen gerne genau erklären, in welcher Reihenfolge die Artisten und Clowns aufgetreten sind."

☒ „Es ist eine Unverschämtheit mich zu verdächtigen! Nur weil ich eine braune Tasche dabei habe, in die ich Geldscheine stopfen könnte!"

☒ „Der Zirkusdirektor ist doch selbst Schuld daran, dass er bestohlen wurde. Warum lässt er die Kasse auch einfach unbeaufsichtigt? Kein Mensch hat während der Vorstellung einen Blick darauf geworfen!"

☐ „Während der Vorstellung war ich nur einmal kurz draußen, weil ich aufs Klo musste. Hätte ich gewusst, dass ich deswegen verdächtigt werde, die Kasse leer geräumt zu haben, hätte ich die Pinkelpause erst nach der Vorstellung gemacht!"

Mögliche Lösung:
Lara und Gabriele verraten sich, weil sie wissen, dass die Kasse unbeaufsichtigt war. Außerdem wissen sie, dass Geld in eine braune Tasche gestopft wurde.

Lösungen

Alarm im Zirkus Potzblitz — Aufgabe 5

Lösungswort:

1	2	3	4	5	6	7	8	9	10
L	A	N	G	F	I	N	G	E	R

Alarm im Zirkus Potzblitz — Aufgabe 1

Lösungen

Alarm im Zirkus Potzblitz — Aufgabe 2a

- ☐ Manfred Mantel sagt dem Direktor, dass kein Zuschauer das Zelt verlassen sollte.
- ☒ Lara Gebnichtsab und Gabriele Langfinger nähern sich leise der Zirkuskasse.
- ☐ Gabriele ist eine große Frau.
- ☒ Die beiden Frauen setzen sich an den Rand der Manege.
- ☐ Lara Langfinger und Gabriele Gebnichtsab nähern sich leise der Zirkuskasse.
- ☐ Der Zirkusdirektor entdeckt den Diebstahl als Erster.
- ☒ Lara hat eine braune Tüte für das Geld dabei.
- ☒ Die Zirkusvorstellung beginnt mit einem Lied.
- ☒ Die kleine Gabriele öffnet die Kasse mit einem Brecheisen.
- ☐ Geldscheine sind die Beute der beiden Frauen.

Alarm im Zirkus Potzblitz — Aufgabe 3a

Anna Schrewe: Dem Täter lesend auf der Spur
© Persen Verlag

Lösungen

Alarm im Zirkus Potzblitz Aufgabe 4a

☐ „Ich war während der Vorstellung die ganze Zeit im Zelt. Wenn sie mir nicht glauben, kann ich Ihnen gerne genau erklären, in welcher Reihenfolge die Artisten und Clowns aufgetreten sind."

☒ „Es ist eine Unverschämtheit mich zu verdächtigen! Nur weil ich eine braune Tasche dabei habe, in die ich Geldscheine stopfen könnte!"

☒ „Der Zirkusdirektor ist doch selbst Schuld daran, dass er bestohlen wurde. Warum lässt er die Kasse auch einfach unbeaufsichtigt? Kein Mensch hat während der Vorstellung einen Blick darauf geworfen!"

☐ „Während der Vorstellung war ich nur einmal kurz draußen, weil ich aufs Klo musste. Hätte ich gewusst, dass ich deswegen verdächtigt werde, die Kasse leer geräumt zu haben, hätte ich die Pinkelpause erst nach der Vorstellung gemacht!"

☒ „Den Diebstahl hätten mehrere Zuschauer machen können. Als ich in das Zelt kam, waren noch einige Plätze frei. Da hätte sich doch jeder während der Vorstellung einen Platz suchen können. Nicht nur ich!"

Mögliche Lösung:
Lara und Gabriele verraten sich, weil sie wissen, dass die Kasse unbeaufsichtigt war. Außerdem wissen sie, dass Geld in eine braune Tasche gestopft wurde. Und sie geben zu, dass sie sich erst während der Vorstellung einen Platz gesucht haben.

Alarm im Zirkus Potzblitz Aufgabe 5

Lösungswort:

1	2	3	4	5	6	7	8	9	10
L	A	N	G	F	I	N	G	E	R

Lösungen

Der blauäugige Bandit

Aufgabe 1a

Mögliche Lösung:
Bild 1 passt zum Text, weil das Kinderkarussell und die Geisterbahn direkt neben Frau Traurig und ihren Kindern zu sehen sind.
Außerdem schauen auf Bild 1 zwei Leute böse.
Genauso wird es im Text erwähnt.

Lösungen

Der blauäugige Bandit

Aufgabe 2

Trude Traurig und ihre Kinder essen Eis. Allerdings haben sie dabei ein doofes Gefühl im Bauch. Alle Leute, die sie eben bei ihrem Streit böse angeguckt haben, stehen in der Nähe des Eisstandes. Also gehen sie nach dem Eis direkt in die Geisterbahn. Die drei Traurigs setzen sich zu dritt in einen Wagen und düsen los. Es ist stockdunkel.
„Uuaahh!", schreit es plötzlich neben ihnen.
Und ein <u>weißes Gespenst</u> huscht vorbei.
Kurze Zeit später plumpst direkt vor ihnen
ein <u>schwarzes Ding</u> auf die Schienen. Danach hören sie
ein schauriges <u>Lachen</u> und eine kalte Hand fasst jeden von ihnen an.
Plötzlich taucht neben ihnen eine <u>vermummte Gestalt</u>
auf, die in Tücher gewickelt ist. Sie flüstert etwas Unverständliches und verschwindet wieder.
„Puh, da hinten kann ich ein Licht erkennen", ruft Jan erleichtert.
Aber so schnell ist es noch nicht vorbei. Auf einmal stoppt die Bahn und es wird wieder dunkel. Wie aus dem Nichts tauchen <u>mehrere Augenpaare</u> neben ihnen auf – und sind genauso schnell wieder verschwunden.
Kurz darauf ist das Licht wieder zu sehen und die Fahrt geht zu Ende.
„Gott sei Dank!", atmet Trude Traurig auf. Doch was ist das? „Meine Handtasche ist weg!", kreischt sie. „Die muss mir in der Geisterbahn geklaut worden sein!"
„Keine Sorge, meine Liebe", beruhigt sie der Chef der Geisterbahn. „Ich werde sofort unseren Detektiv Kalle Klarerfall rufen, der findet die Tasche schnell wieder!"

| weißes Gespenst |
| schwarzes Ding |
| schauriges Lachen |

| vermummte Gestalt |

| mehrere Augenpaare |

Lösungen

Der blauäugige Bandit

Aufgabe 3

Mögliche Lösung:

	Aussehen:	Besonderheiten:
Gespenst	weiß	es flog sehr hoch
schwarzes Ding	schwarz	seltsame blaue Augen
schauriges Lachen		kalte Hand
vermummte Gestalt	in Tücher gewickelt	flüstert unverständlich
Augenpaare	man sieht nur die Augen	blaue Augen

Der blauäugige Bandit

Aufgabe 4

- ☐ Insgesamt 3 Geister können die Handtasche auf keinen Fall genommen haben.
- ☐ Trude Traurig erklärt dem Detektiv, welcher Geist der Dieb sein könnte.
- ☒ Kalle Klarerfall überlegt, welche Geister die Handtasche genommen haben könnten.
- ☐ Der blauäugige Bandit klaut gerne Handschuhe im Freizeitpark.
- ☒ Die Augenpaare standen nah am Wagen der Traurigs.
- ☒ Detektiv Klarerfall möchte mit den verdächtigen Geistern sprechen.
- ☐ Jan und Nina wissen genau, welcher Geist die Handtasche geklaut hat.

Anna Schrewe: Dem Täter lesend auf der Spur
© Persen Verlag

Lösungen

Der blauäugige Bandit

Aufgabe 5

Mögliche Lösung:

Das schaurige Lachen war es nicht, weil es keine blauen Augen hat.

Der Blauäugige von den Augenpaaren war es nicht, weil unheimlich sein einfach nur sein Beruf ist.

Das schwarze Ding war es, weil es weiß, dass eine braune Handtasche geklaut wurde.

Der blauäugige Bandit

Aufgabe 1a

Mögliche Lösung:

Bild 1 passt zum Text, weil das Kinderkarussell und die Geisterbahn direkt neben Frau Traurig und ihren Kindern sind.
Außerdem schauen auf Bild 1 zwei Leute böse.
Genauso wird es im Text erwähnt.

Lösungen

Der blauäugige Bandit

Aufgabe 2a

Trude Traurig und ihre Kinder essen alle ein riesiges Eis. Allerdings haben sie dabei ein mulmiges Gefühl im Bauch. Alle Leute, die sie eben bei ihrem Streit böse angeguckt haben, stehen nämlich auch in der Nähe des Eisstandes. Also gehen sie nach dem Eis direkt in die Geisterbahn, denn ein bisschen gegruselt haben sie sich ja sowieso schon. Durch die Geisterbahn geht es in einem kleinen Zug. Die drei Traurigs setzen sich in einen Wagen und schon düsen sie los. Es ist stockdunkel in der Geisterbahn. „Uuuuuaaaaaaaaaahhhhhh!", schreit es plötzlich neben ihnen und ein weißes Gespenst huscht vorbei. Kurze Zeit später plumpst direkt vor ihrem Wagen ein riesiges, schwarzes Ding auf die Schienen, schreit kurz auf – und verstummt dann wieder. Kaum haben sich Trude Traurig und ihre Kinder von dem Schreck erholt, ertönt um sie herum ein schauriges Lachen und eine kalte Hand stupst jeden von ihnen einmal kurz am Arm an. „Mama, ich habe Angst!", schluchzt Nina. Doch gerade als Trude Traurig ihr antworten will, taucht neben ihnen eine vermummte Gestalt auf, die in graue Tücher gewickelt ist. Sie flüstert etwas Unverständliches und verschwindet genauso leise wie sie gekommen ist. „Puh, da hinten kann ich ein Licht erkennen", ruft Jan erleichtert. Aber so schnell sind sie noch nicht erlöst. Auf einmal ist kein Licht mehr zu sehen und die Bahn stoppt ihre Fahrt. Eng aneinander gedrückt sitzen die drei und trauen sich kaum zu atmen. Wie aus dem Nichts tauchen auf einmal mehrere Augenpaare neben ihnen auf – und sind genauso schnell wieder verschwunden. Kurz darauf ist das Licht wieder zu sehen und die Fahrt geht zu Ende. „Gott sei Dank!", atmet Trude Traurig auf. Doch was ist das? „Meine Handtasche ist weg!", kreischt sie. „Die muss mir in der Geisterbahn geklaut worden sein!"
„Keine Sorge, meine Liebe", beruhigt sie der Chef der Geisterbahn. „Ich werde sofort unseren Detektiv Kalle Klarerfall rufen, der findet die Tasche schnell wieder!"

| weißes Gespenst |
| schwarzes Ding |
| schauriges Lachen |
| vermummte Gestalt |
| mehrere Augenpaare |

Lösungen

Der blauäugige Bandit — Aufgabe 3

Mögliche Lösung:

	Aussehen:	Besonderheiten:
Gespenst	*weiß*	*es flog sehr hoch*
schwarzes Ding	*schwarz*	*seltsame blaue Augen*
schauriges Lachen		*kalte Hand*
vermummte Gestalt	*in graue Tücher gewickelt*	*flüstert unverständlich*
Augenpaare	*man sieht nur die Augen*	*blaue Augen*

Der blauäugige Bandit — Aufgabe 4

- ☐ Insgesamt 3 Geister können die Handtasche auf keinen Fall genommen haben.
- ☐ Trude Traurig erklärt dem Detektiv, welcher Geist der Dieb sein könnte.
- ☒ Kalle Klarerfall überlegt, welche Geister die Handtasche genommen haben könnten.
- ☐ Der blauäugige Bandit klaut gerne Handschuhe im Freizeitpark.
- ☒ Die Augenpaare standen nah am Wagen der Traurigs.
- ☒ Detektiv Klarerfall möchte mit den verdächtigen Geistern sprechen.
- ☒ Dass Detektiv Klarerfall etwas ausschließen möchte heißt, dass er überlegt, welche Geister die Tasche nicht geklaut haben können.
- ☐ Jan und Nina wissen genau, welcher Geist die Handtasche geklaut hat.

Lösungen

Der blauäugige Bandit

Aufgabe 5

Mögliche Lösung:

Das schaurige Lachen war es nicht, weil es keine blauen Augen hat.

Der Blauäugige von den Augenpaaren war es nicht, weil unheimlich sein einfach nur sein Beruf ist.

Das schwarze Ding war es, weil es weiß, dass eine braune Handtasche geklaut wurde.

Raub im Kaufhaus

Aufgabe 1

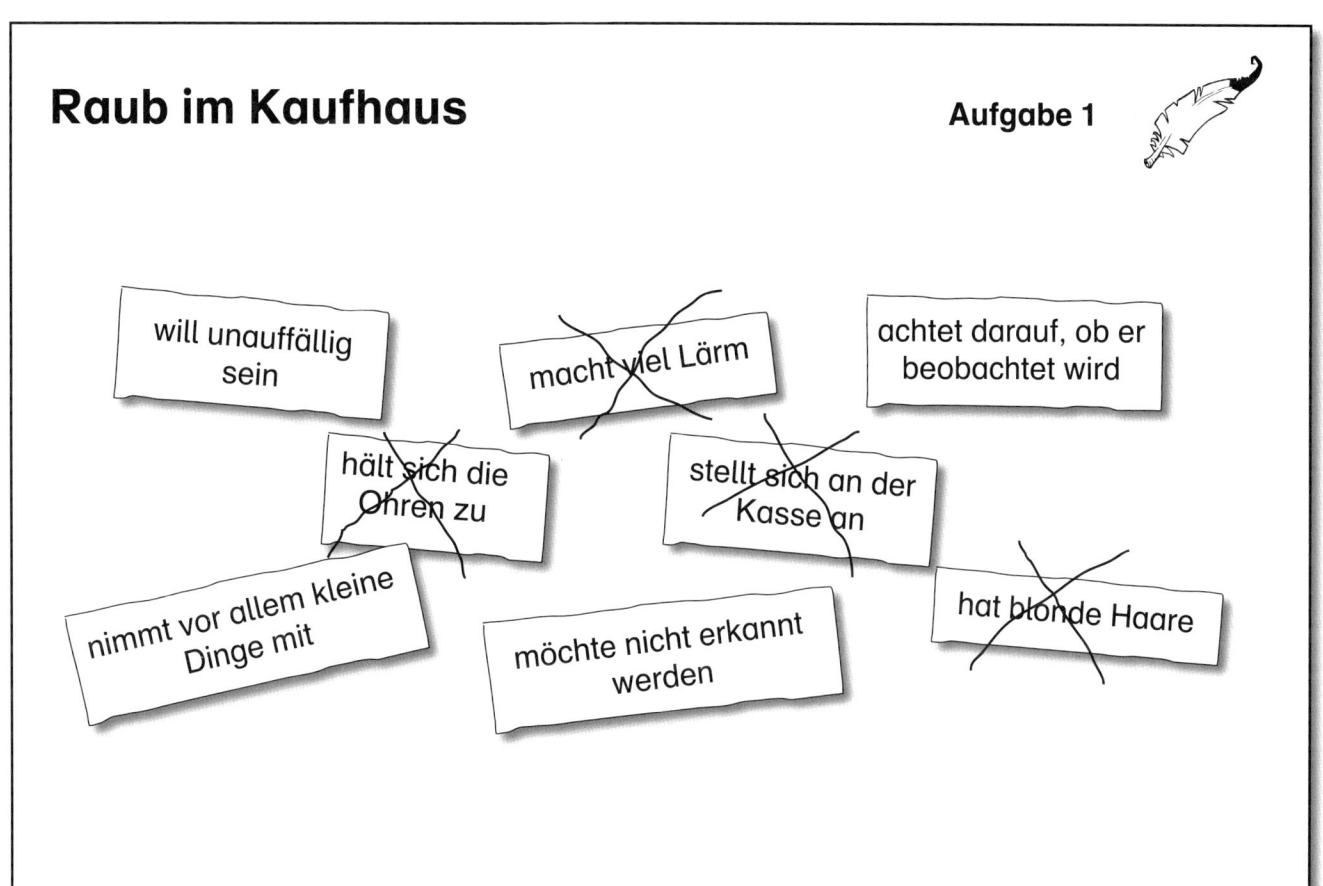

Lösungen

Raub im Kaufhaus   Aufgabe 2

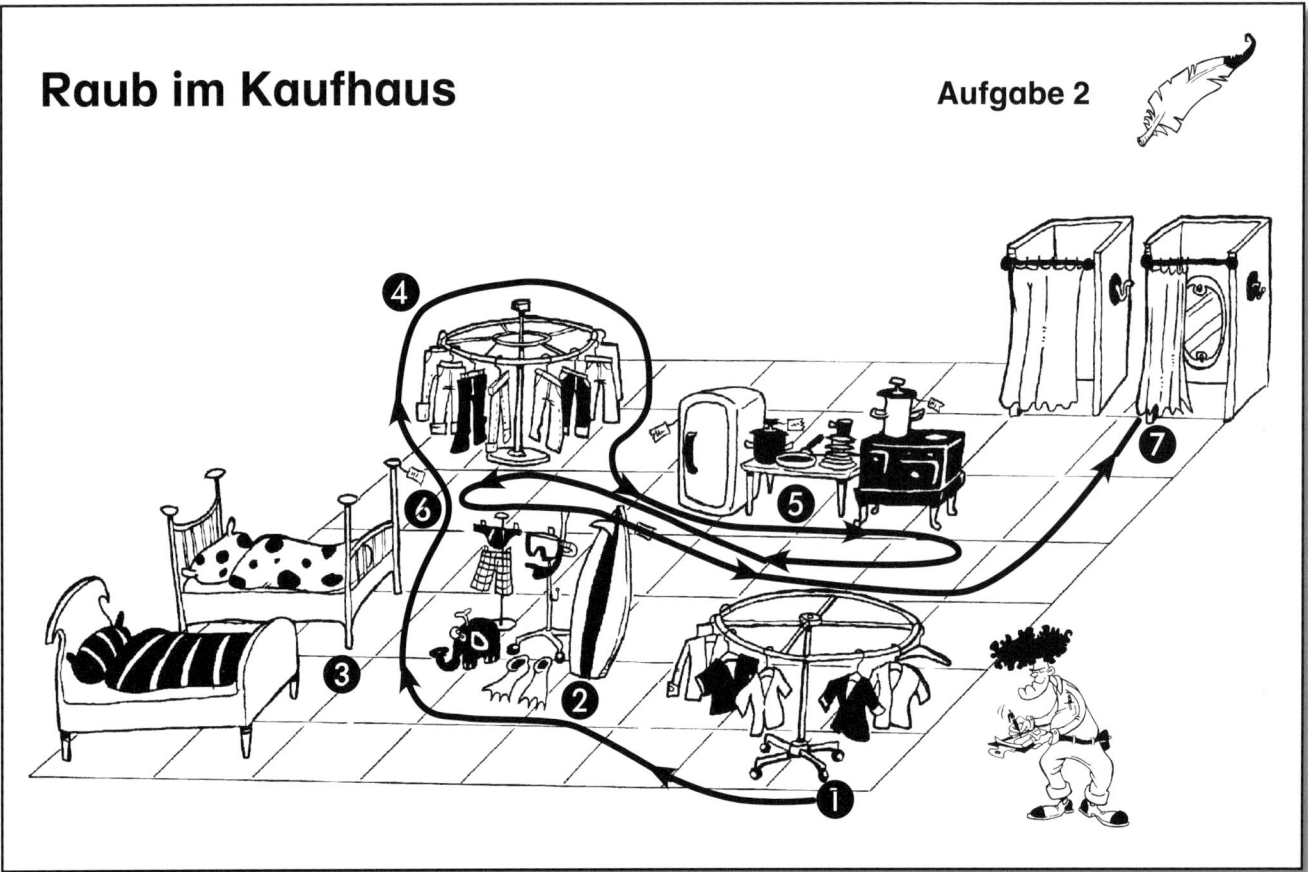

Raub im Kaufhaus   Aufgabe 3

Bild 1:
Freddy kniet und guckt unter den beiden Kabinentüren her.

Bild 2:
Beide Umkleidekabinen sind besetzt. In der rechten von ihnen sieht man 4 Füße.

Bild 3:
Freddy öffnet die Kabinentür und sieht einen Mann und eine Frau.

Bild 4:
Alles ist noch wie in Bild 3, aber Freddys Chef ist jetzt auch zu sehen.

Lösungen

Raub im Kaufhaus — Aufgabe 4

- ☐ Der Chef des Detektivs findet den Mann und die Frau in der Kabine nett.
- ☒ Freddy Findejeden hat gesehen, wie die Frau Kleidungsstücke in ihre Tasche gestopft hat.
- ☐ Der Mann in der Umkleidekabine ist sauer.
- ☒ Die Frau weiß genau, dass Blusen gestohlen wurden.
- ☒ Freddy Findejeden will die Polizei informieren.

Raub im Kaufhaus — Aufgabe 5

Mögliche Lösung:

Freddy hat ein Video von dem Diebstahl.

Außerdem hat die Frau sich selbst verraten, weil sie wusste, dass Blusen gestohlen wurden.

Lösungen

Raub im Kaufhaus — Aufgabe 1

will unauffällig sein

~~macht viel Lärm~~

achtet darauf, ob er beobachtet wird

~~stellt sich an der Kasse an~~

~~hält sich die Ohren zu~~

~~rennt schreiend aus dem Kaufhaus~~

~~hat blonde Haare~~

nimmt vor allem kleine Dinge mit

~~trägt die geklauten Dinge in der Hand~~

möchte nicht erkannt werden

Raub im Kaufhaus — Aufgabe 2

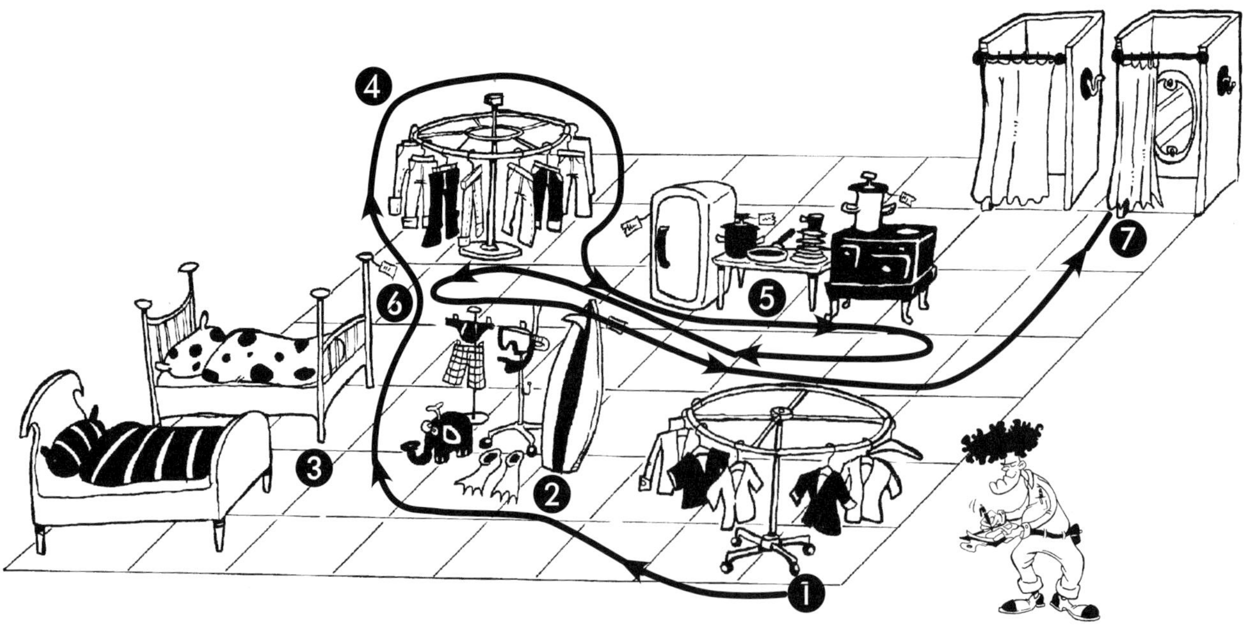

Lösungen

Raub im Kaufhaus

Aufgabe 3

Bild 1:
Freddy kniet und guckt unter den beiden Kabinentüren her.

Bild 2:
Es sind zwei Umkleidekabinen zu sehen. In beiden von ihnen sieht man Füße. In der rechten sind vier Füße mit angezogenen Zehen zu sehen.

Bild 3:
Freddy öffnet die Kabinentür und sieht einen Mann und eine Frau.

Bild 4:
Alles ist noch wie in Bild 3, aber Freddys Chef ist jetzt auch zu sehen.

Raub im Kaufhaus

Aufgabe 4

- [ ] Der Chef des Detektivs findet den Mann und die Frau in der Kabine nett.
- [x] Freddy Findejeden hat gesehen, wie die Frau Kleidungsstücke in ihre Tasche gestopft hat.
- [x] Der Mann in der Umkleidekabine ist sauer.
- [ ] Gestohlen wurden drei Hosen und fünf Blusen.
- [ ] Es wäre besser für die Frau, wenn sie erst überlegen und dann reden würde.
- [x] Die Frau weiß genau, was gestohlen wurde.
- [x] Freddy Findejeden will die Polizei informieren.

Lösungen

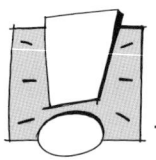

Raub im Kaufhaus

Aufgabe 5

Mögliche Lösung:

Freddy hat ein Video von dem Diebstahl.

Außerdem hat die Frau sich selbst verraten, weil sie wusste, dass Blusen gestohlen wurden.

Angst im Museum

Aufgabe 1

Mögliche Lösung:

– Heute Nacht wurde im Museum eingebrochen.

– Einige kleine Figuren aus Gold, ein sehr altes Buch und ein Bild wurden gestohlen.

– Das wertvollste Stück ist das Bild von der Mona Lisa.

Lösungen

Angst im Museum

Aufgabe 2

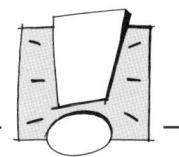

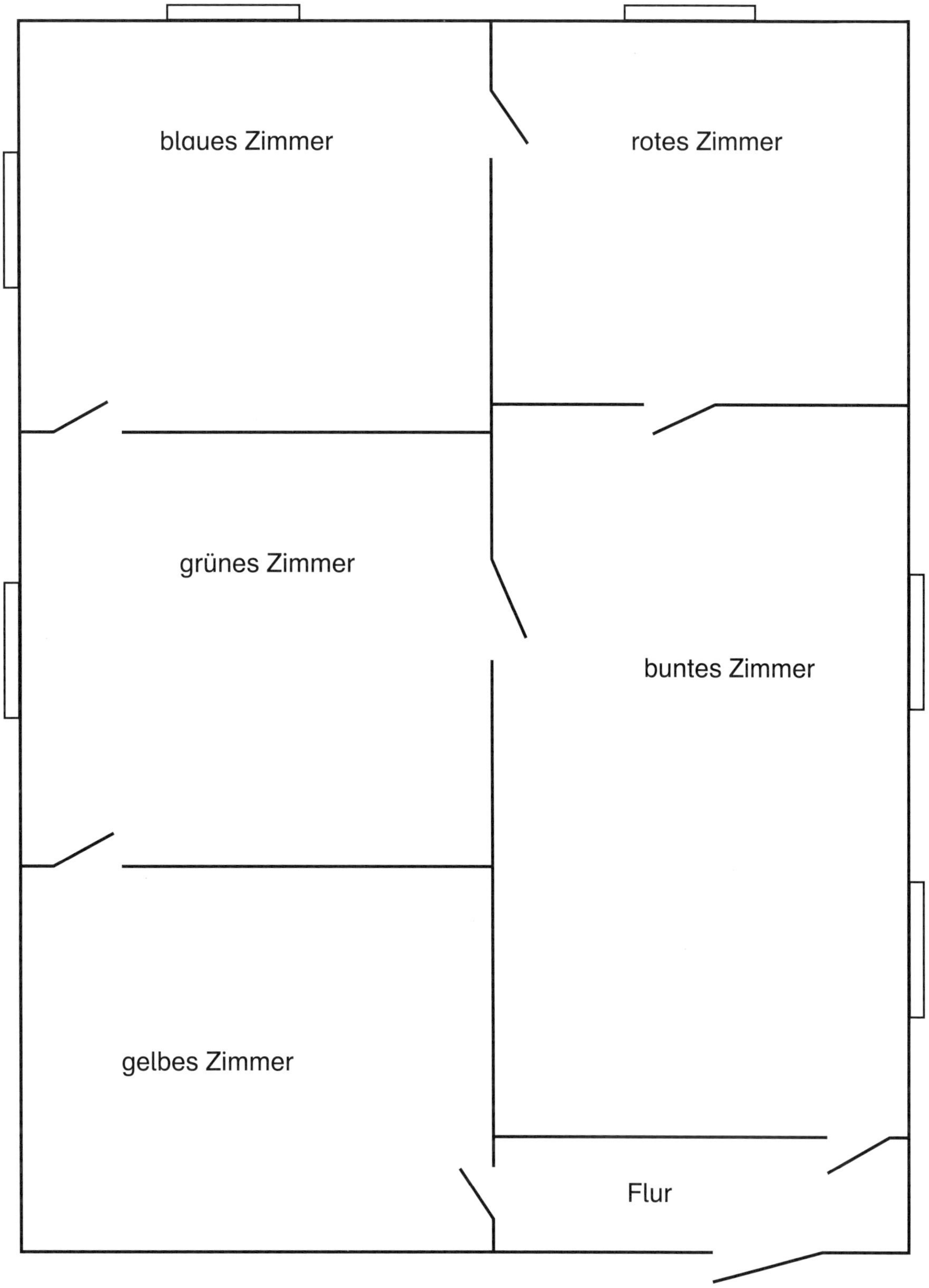

- blaues Zimmer
- rotes Zimmer
- grünes Zimmer
- buntes Zimmer
- gelbes Zimmer
- Flur

Lösungen

Angst im Museum

Aufgabe 3

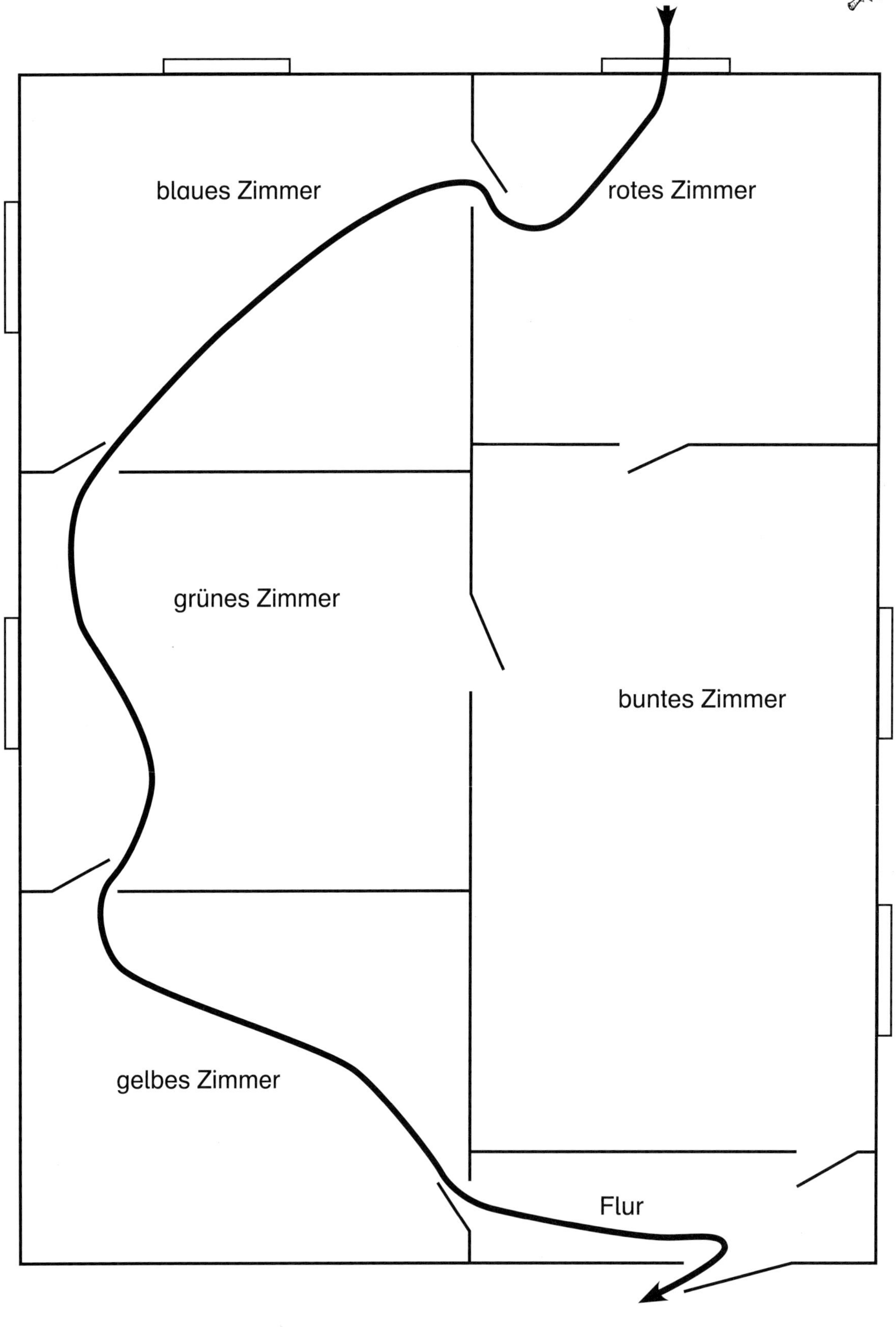

- blaues Zimmer
- rotes Zimmer
- grünes Zimmer
- buntes Zimmer
- gelbes Zimmer
- Flur

Lösungen

Angst im Museum

Aufgabe 4

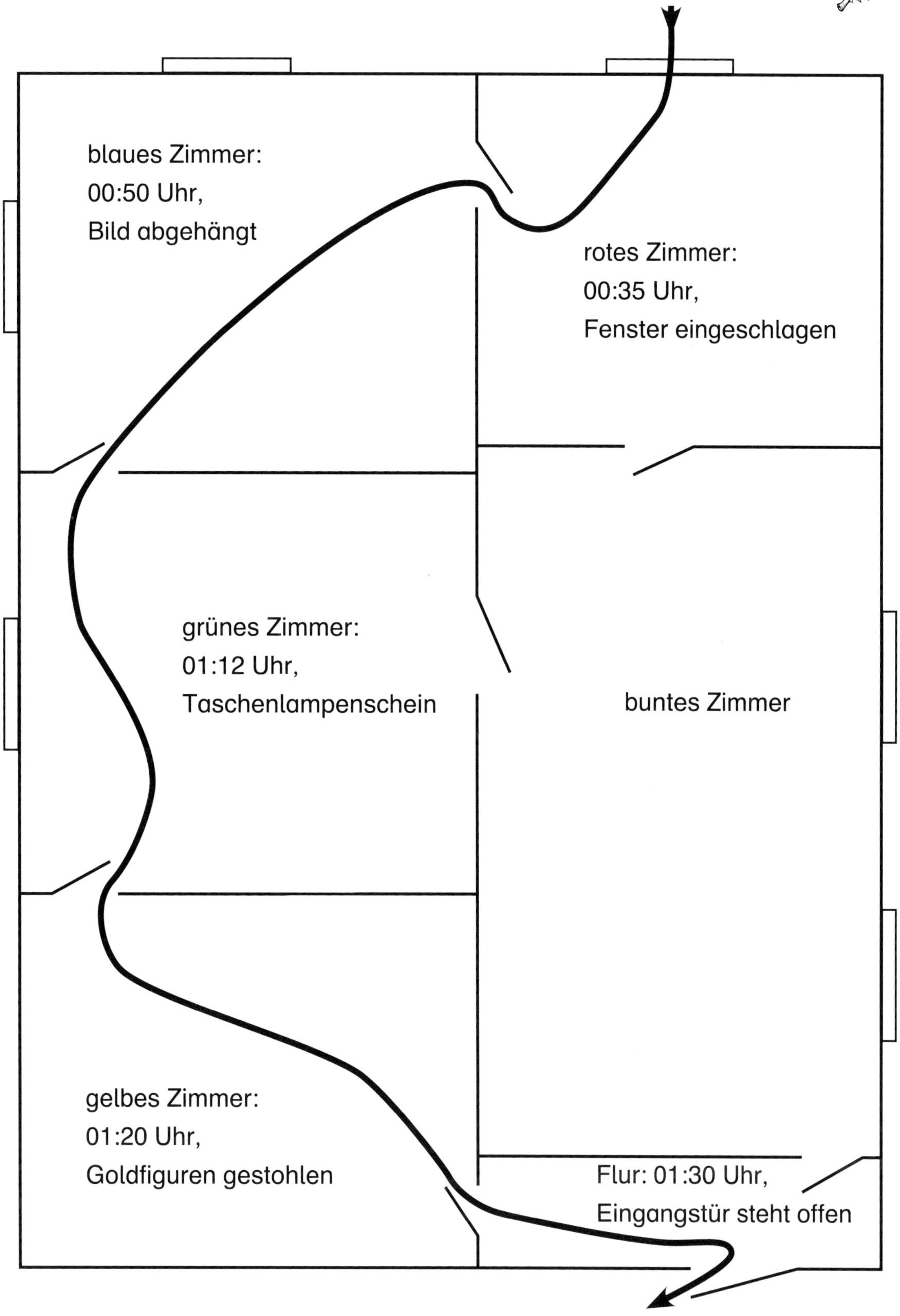

blaues Zimmer: 00:50 Uhr, Bild abgehängt

rotes Zimmer: 00:35 Uhr, Fenster eingeschlagen

grünes Zimmer: 01:12 Uhr, Taschenlampenschein

buntes Zimmer

gelbes Zimmer: 01:20 Uhr, Goldfiguren gestohlen

Flur: 01:30 Uhr, Eingangstür steht offen

Lösungen

Angst im Museum — Aufgabe 5

mittelgroß, dunkle Brille, gestreifter Pullover, viele Muskeln

Angst im Museum — Aufgabe 1

Mögliche Lösung:

– Heute Nacht wurde im Museum eingebrochen.

– Niemand soll etwas davon erfahren, dass eingebrochen wurde.

– Einige kleine Figuren aus Gold, ein sehr altes Buch und ein Bild wurden gestohlen.

Lösungen

Angst im Museum

Aufgabe 2

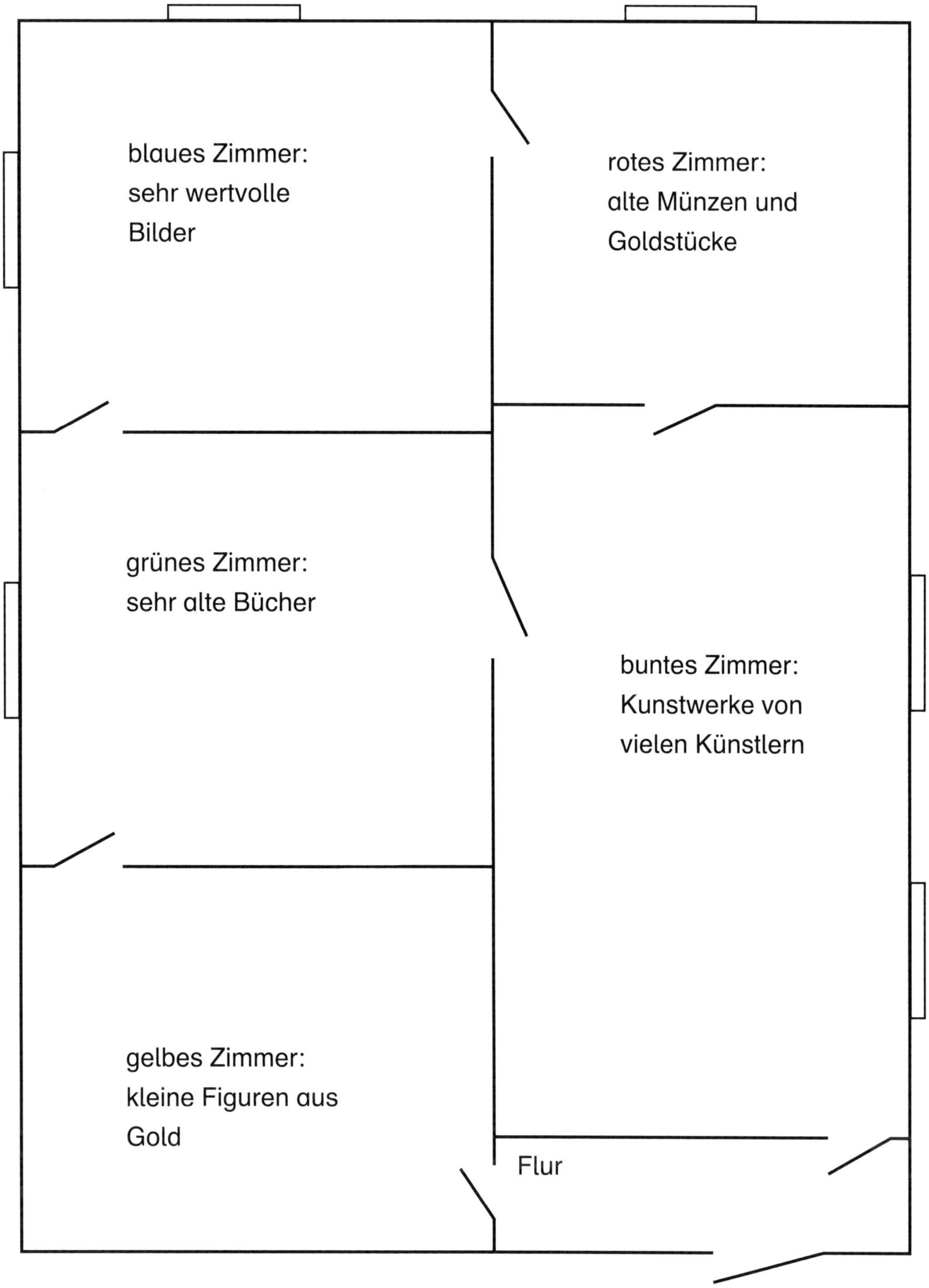

blaues Zimmer: sehr wertvolle Bilder

rotes Zimmer: alte Münzen und Goldstücke

grünes Zimmer: sehr alte Bücher

buntes Zimmer: Kunstwerke von vielen Künstlern

gelbes Zimmer: kleine Figuren aus Gold

Flur

Lösungen

Angst im Museum Aufgabe 3

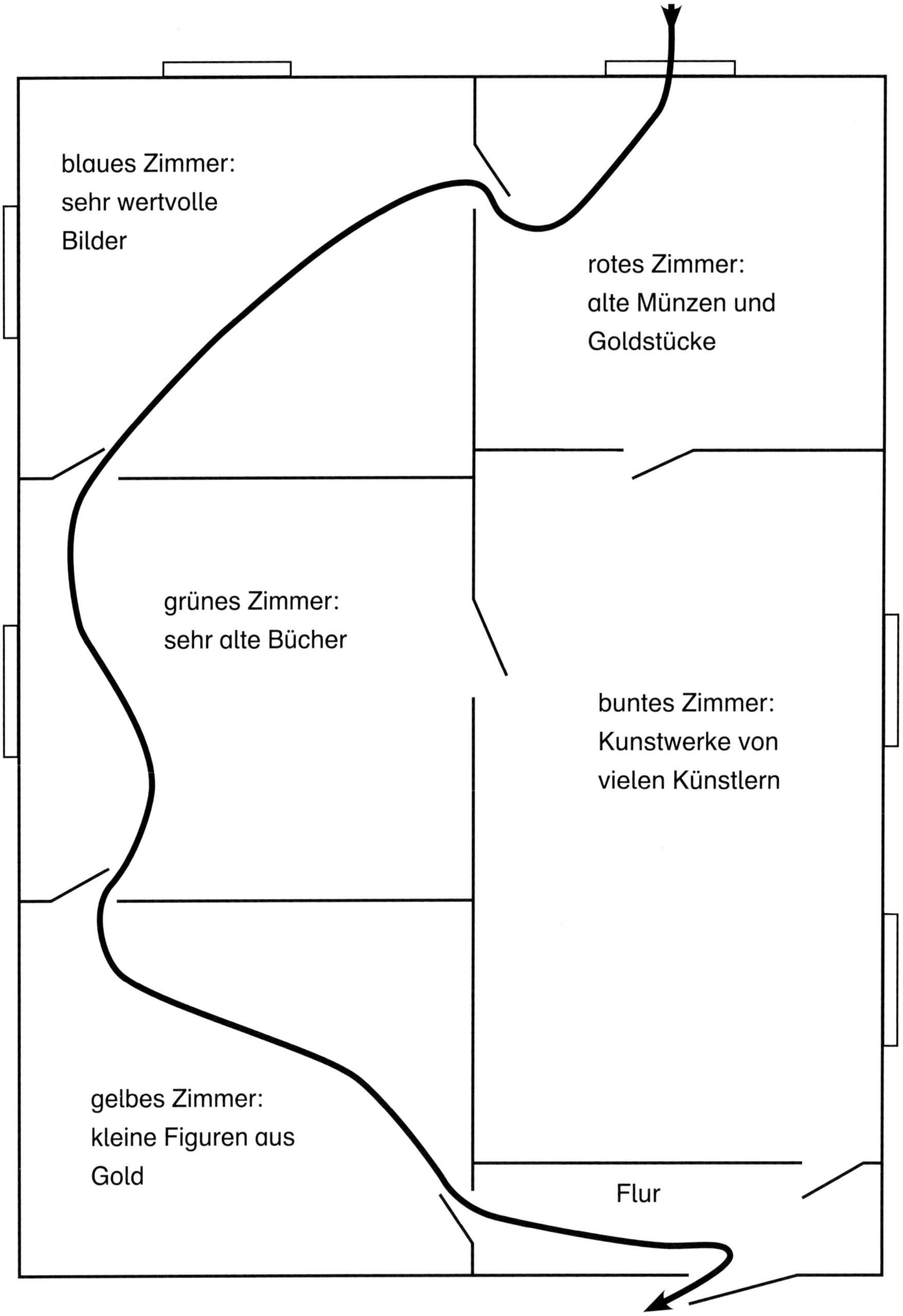

- blaues Zimmer: sehr wertvolle Bilder
- rotes Zimmer: alte Münzen und Goldstücke
- grünes Zimmer: sehr alte Bücher
- buntes Zimmer: Kunstwerke von vielen Künstlern
- gelbes Zimmer: kleine Figuren aus Gold
- Flur

Lösungen

Angst im Museum

Aufgabe 4

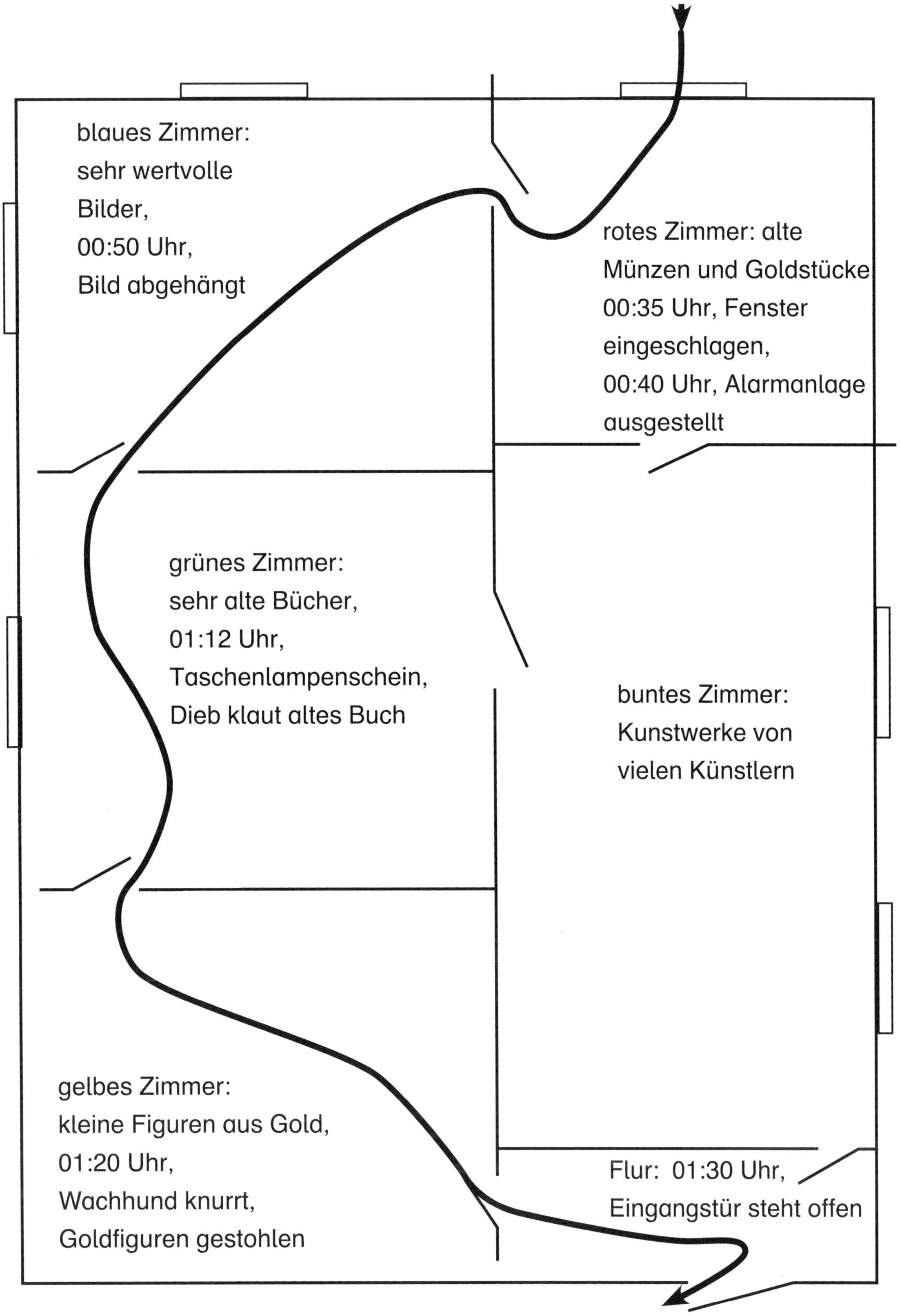

blaues Zimmer:
sehr wertvolle
Bilder,
00:50 Uhr,
Bild abgehängt

rotes Zimmer: alte
Münzen und Goldstücke
00:35 Uhr, Fenster
eingeschlagen,
00:40 Uhr, Alarmanlage
ausgestellt

grünes Zimmer:
sehr alte Bücher,
01:12 Uhr,
Taschenlampenschein,
Dieb klaut altes Buch

buntes Zimmer:
Kunstwerke von
vielen Künstlern

gelbes Zimmer:
kleine Figuren aus Gold,
01:20 Uhr,
Wachhund knurrt,
Goldfiguren gestohlen

Flur: 01:30 Uhr,
Eingangstür steht offen

Anna Schrewe: Dem Täter lesend auf der Spur
© Persen Verlag

Lösungen

Angst im Museum — Aufgabe 5

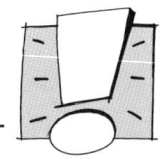

Labels: mittelgroß, dunkle Brille, gestreifter Pullover, viele Muskeln

Nachts in der Ganovenstraße — Aufgabe 2

Eingekreist: Schurke, Beute, verletzt, Wohnung, bemerken, spazieren, Taschenlampe, Gassi

Nicht eingekreist: Fritzchen, lustig, Wind, morgens

Lösungen

Nachts in der Ganovenstraße   Aufgabe 3

- [ ] Der Einbruch bei Frau Schusslig und der Überfall auf Karlchen haben etwas miteinander zu tun.
- [x] Frau Schusslig wurde niedergeschlagen.
- [x] Ein Mann aus einem anderen Haus hat bei Frau Schusslig eingebrochen.
- [x] Die Haustür von Haus Nr. 13 knallt immer laut zu.
- [x] Frau Schusslig hat klirrende Schritte im Treppenhaus gehört.
- [ ] Der Täter muss die Treppe hinaufgelaufen sein.

Mögliche Lösung:
Erwin Ehrlich weiß es, weil Frau Schusslig klappernde Schritte im Treppenhaus gehört hat. Die Schritte sind nach oben verschwunden. Es hat also niemand mehr das Haus verlassen. Das hätte Frau Schusslig nämlich hören können, weil dann die Haustür wieder geknarrt hätte.

Nachts in der Ganovenstraße   Aufgabe 4

Aufgabe 1
<u>Wo waren Sie gestern Abend?</u>
<u>Was haben Sie gestern Abend gemacht?</u>
Wann haben Sie geschlafen?
Wann waren Sie wieder hier?
Ist Ihnen in der Wohnung von Frau Schusslig irgendetwas aufgefallen?
Sind Sie noch einmal in den Flur gegangen?

Aufgabe 2
Da du hier vermuten sollst, gibt es keine eindeutige Lösung.
Wichtig ist, dass du deine Meinung begründet hast.

Lösungen

Nachts in der Ganovenstraße — Aufgabe 5

Mögliche Lösung:

Es ist Dieter Dieb.

Er hat sich verraten, weil er genau wusste,

dass Schmuck gestohlen wurde.

Außerdem war er nachts noch einmal im Treppenhaus.

Nachts in der Ganovenstraße — Aufgabe 2

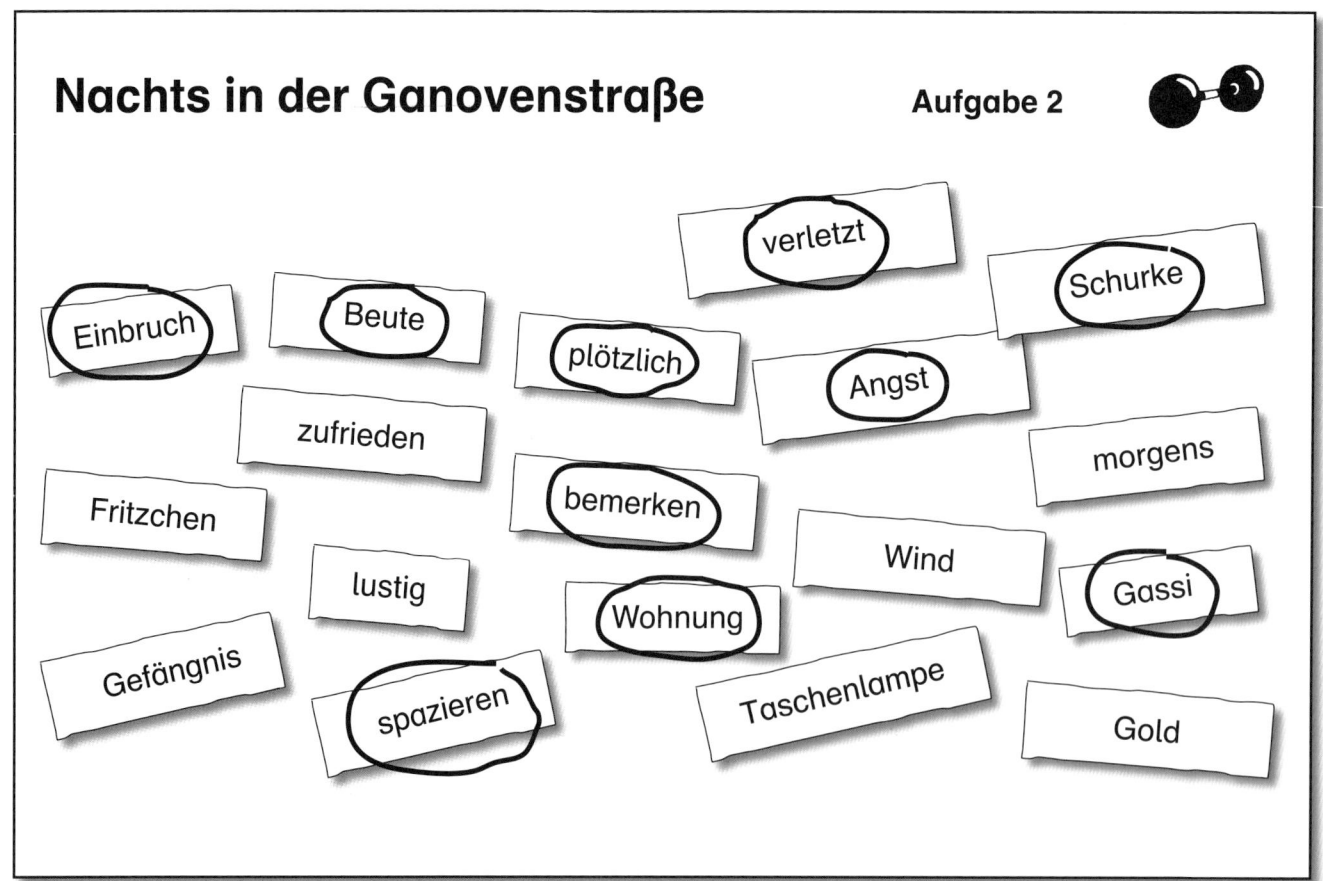

Eingekreist: Einbruch, Beute, verletzt, Schurke, plötzlich, Angst, bemerken, Wohnung, Gassi, spazieren

Nicht eingekreist: zufrieden, Fritzchen, lustig, Gefängnis, morgens, Wind, Taschenlampe, Gold

Lösungen

Nachts in der Ganovenstraße — Aufgabe 3

- ☐ Der Einbruch bei Frau Schusslig und der Überfall auf Karlchen haben etwas miteinander zu tun.
- ☒ Frau Schusslig wurde niedergeschlagen.
- ☒ Ein Mann aus einem anderen Haus hat bei Frau Schusslig eingebrochen.
- ☒ Erwin Ehrlich muss dringend zu Karlchen ins Krankenhaus.
- ☒ Die Haustür von Haus Nr. 13 knallt immer laut zu.
- ☒ Frau Schusslig hat klirrende Schritte im Treppenhaus gehört.
- ☐ Der Täter muss die Treppe hinaufgelaufen sein.

Mögliche Lösung:
Erwin Ehrlich weiß es, weil Frau Schusslig klappernde Schritte im Treppenhaus gehört hat. Die Schritte sind nach oben verschwunden. Es hat also niemand mehr das Haus verlassen. Das hätte Frau Schusslig nämlich hören können, weil dann die Haustür wieder geknarrt hätte.

Nachts in der Ganovenstraße — Aufgabe 4

Aufgabe 1

<u>Wo waren Sie gestern Abend?</u>
<u>Was haben Sie gestern Abend gemacht?</u>
Kennen Sie Karlchen?
Wissen Sie, wann Karlchen mit seinem Hund spazieren geht?
Wann haben Sie geschlafen?
Wann waren Sie wieder hier?
Ist Ihnen in der Wohnung von Frau Schusslig irgendetwas aufgefallen?
Sind Sie noch einmal in den Flur gegangen?

Aufgabe 2

Da du hier vermuten sollst, gibt es keine eindeutige Lösung.
Wichtig ist, dass du deine Meinung begründet hast.

Lösungen

Nachts in der Ganovenstraße

Aufgabe 5

Mögliche Lösung:

Es ist Dieter Dieb.

Er hat sich verraten, weil er genau wusste,

dass Schmuck gestohlen wurde.

Außerdem war er nachts noch einmal im Treppenhaus.

Jederzeit optimal vorbereitet in den Unterricht?

» Lehrerbüro!

Hier finden Sie alle Unterrichtsmaterialien

der Verlage Auer, AOL-Verlag und PERSEN

immer und überall online verfügbar.

lehrerbuero.de
Jetzt kostenlos testen!

Das **Online-Portal** für Unterricht und Schulalltag!